fragen – suchen – entdecken 4

Religion in der Grundschule
Ausgabe N

Herausgegeben von
Dr. Barbara Ort und Ludwig Rendle
unter Mitarbeit von Rainer Oberthür

Illustriert von Silke Reimers

Erarbeitet von
Ludwig Sauter und Josef Schwaller

Kösel Schulbuch | Klett

fragen – suchen – entdecken 4
Religion in der Grundschule. Ausgabe N

Auf der Basis von
„fragen – suchen – entdecken 4. Neuausgabe“ (2019)
Herausgegeben von Dr. Barbara Ort und Ludwig Rendle
unter Mitarbeit von Rainer Oberthür
Erarbeitet von Ludwig Sauter und Josef Schwaller

Zugelassen als Lehrbuch für den katholischen Religionsunterricht an Grundschulen in Nordrhein-Westfalen durch die Diözesanbischöfe von Aachen, Essen, Köln, Münster und Paderborn.

Notensatz: Holger Jeschke, Hamburg
Umschlag: Kaselow Design, München; Rosendahl, Berlin,
unter Verwendung von Illustrationen von Silke Reimers, Mainz
Layoutkonzept: René Fink, München
Technische Umsetzung: abavo GmbH, Buchloe

www.cornelsen.de
www.klett.de

1. Auflage, 1. Druck 2019

Alle Drucke dieser Auflage sind inhaltlich unverändert und können im Unterricht nebeneinander verwendet werden.

Druck: AZ Druck und Datentechnik GmbH, Kempten

ISBN 978-3-06-084181-3 (Cornelsen Verlag)
ISBN 978-3-12-006102-1 (Klett)

PEFC
PEFC/04-31-2260

PEFC zertifiziert
Dieses Produkt stammt aus nachhaltig bewirtschafteten Wäldern und kontrollierten Quellen.
www.pefc.de

Liebe Schülerinnen, liebe Schüler!

Das Religionsbuch begleitet euch durch das vierte und letzte Jahr der Grundschule. Der Titel *fragen – suchen – entdecken* zeigt euch den Weg durch die einzelnen Kapitel. Ihr findet darin Bilder, Texte und viele anregende Aufgaben. Sie helfen euch, *Fragen* zu stellen, zum Beispiel:

- Was wissen wir über die Entstehung der Welt und des Menschen?
- Wie können wir über Gott sprechen?
- Was bringt Jesus Neues?
- Wie lernen wir, mit Leid und Tod zu leben?
- Was glauben unsere evangelischen Mitschülerinnen und Mitschüler?
- Was wissen wir über die Religion der jüdischen und muslimischen Mitschülerinnen und Mitschüler?

Gemeinsam könnt ihr nach Antworten *suchen* und Lösungen für euch *entdecken*. Auf den ersten Seiten findet ihr Vorschläge für Stille-Übungen.
Die beiden Seiten: „Fragen und Antworten suchen“ und das „Ich-Buch“ am Ende stellen euch selbst in den Mittelpunkt und das, was euch wichtig ist.
Schließlich haben wir am Ende des Buches noch einige Hilfen für eure Arbeit zusammengestellt: ein Lexikon, Gebete-Seiten und eine Methoden-Werkstatt.
Wir wünschen euch viel Freude mit eurem Religionsbuch und interessante Religionsstunden.

Die Lehrerinnen und Lehrer, die dieses Buch verfasst haben

Inhalt

3

6

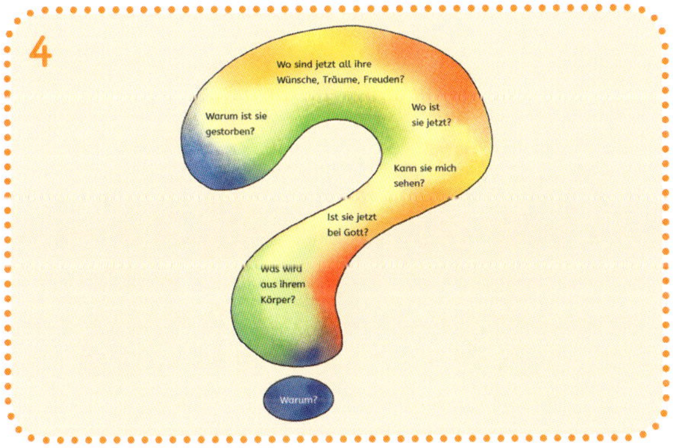
4
Wo sind jetzt all ihre Wünsche, Träume, Freuden?
Warum ist sie gestorben?
Wo ist sie jetzt?
Kann sie mich sehen?
Ist sie jetzt bei Gott?
Was wird aus ihrem Körper?
Warum?

Mein Ich-Buch
Ich bin traurig.

5

Tasten, fühlen, spüren

Schaut die Bilder an. Probiert die Übungen selbst aus. Erzählt, wie ihr die Entdeckungsreise für Hände und Füße mit geschlossenen Augen erlebt habt.

Beschreibt, wie sich etwas anfühlen kann, wenn ihr es mit den Händen oder Füßen bei geschlossenen Augen betastet: der Tisch, der Stift, das Fenster, das Buch ...

Wenn wir die Augen geschlossen haben, können wir auch mit unserer Haut etwas spüren, zum Beispiel die Wärme der Sonnenstrahlen oder einen Windhauch, die Nähe eines Menschen, unseren Atem. Den Atem fühlen wir auch, wenn wir die Hand vor die Nase halten.

Mit Windhauch und Atem wird in der Bibel auch der Geist Gottes beschrieben. Deshalb heißt es bei der Erschaffung des Menschen:

Und er blies in seine
Nase den Atem des Lebens.
So wurde der Mensch lebendig.
Nach Genesis 2,7

Wohin wir auch geh'n

T: Michaela Röse, Sebastian Schade / M: Sebastian Schade

Setzt euch aufrecht auf euren Stuhl, schließt die Augen und spürt eurem Atem nach, wie er kommt und geht, ganz von allein. Er hält uns am Leben, ohne dass wir etwas tun müssen. Er ist wie ein Geschenk.

In dem Lied heißt es, Gott „will spürbar bei uns sein". Sucht Beispiele, was damit gemeint ist.

Fragen und Antworten suchen

Wo komme ich her?

Wo komme ich her?
Wo gehe ich hin?
Was werde ich, wenn ich gewesen bin?
Was bin ich? Immer noch nackt und bloß.
Mal fröhlich leicht, mal ein Trauerkloß.
Ich denke Gedanken, so schnell wie der Wind,
bin alter Mann und bin kleines Kind.
Mal reimt sich mein Leben,
mal schreit es mich an,
dass ich mich selber nicht hören kann.
Dann zittere ich vom Kopf bis zur Zehe
und merke, dass ich gar nichts verstehe.

Fredrik Vahle

- Wählt eine Frage aus dem Gedicht und versucht sie zu beantworten. Arbeitet mit der Placemat-Methode.
- Warum gibt es unterschiedliche Antworten? Diskutiert in der Gruppe.
- Schreibe eine Zeile des Gedichtes, die dir besonders gefällt, weiter. Suche dazu Beispiele oder male.
- Mein Leben reimt sich, wenn … Mein Leben schreit mich an, wenn … Ergänze diese Sätze mit deinen Erfahrungen. Untermale deine Beispiele auch mit Instrumenten.
- Stelle pantomimisch einzelne Zeilen des Gedichtes dar.

Singen will ich dem Herrn,
weil er mir Gutes getan hat.
Psalm 13,6

Du selbst hast mein Innerstes geschaffen, hast mich gewoben im Schoß meiner Mutter.
Psalm 139,13

Wende dich mir zu und sei mir gnädig; denn ich bin einsam und arm!
Psalm 25,16

Mein Gott, ich rufe bei Tag, doch du gibst keine Antwort.
Psalm 22,3

Lass mich den Weg erkennen, den ich gehen soll.
Psalm 143,8

- Suche zu den Bildern passende Zeilen aus dem Gedicht oder male selbst Bilder dazu.
- Wähle eine oder mehrere Zeilen des Gedichtes aus, über die du weiter nachdenken möchtest. Schreibe sie in dein Ich-Buch. Ergänze sie mit eigenen Gedanken und Bildern.
- Zu einzelnen Zeilen des Gedichtes oder zu den Bildern kannst du ein Gebet schreiben. Verwende dazu auch die Psalmverse.
- Erzählt einander: So stelle ich mir mein Leben in zehn Jahren vor!

Das kannst du im Religionsunterricht tun

Diese Zeichen geben an, wie du die Aufgaben bearbeiten kannst.

Bei Wörtern mit einem ➤ Pfeil kannst du auf den Seiten 110–113 nachsehen. Dort sind die Methoden genauer erklärt.
Bei Wörtern mit einem Sternchen* suchst du im Lexikon auf den Seiten 114–119.

- Suche etwas im Bild oder im Text. Schau genau!
- Male oder schreibe oder gestalte. Hier tust du etwas mit den Händen.
- Hier sprichst du. Oder du besprichst etwas mit anderen.
- Tu etwas mit der Gruppe.
- Besprecht eine Frage. Bei manchen Fragen muss man immer weiter fragen.
- Hier kannst du still werden, beten, feiern.
- Besonders Wichtiges malst oder schreibst du in dein Ich-Buch.

1 Unsere Welt – Schöpfung Gottes

Über das Leben staunen

165.000 Blätter hat eine Buche. Das reicht, um ein Fußballfeld auszulegen.
Zehn Milliarden Gehirnzellen sorgen dafür, dass wir riechen, schmecken, hören, sehen, sprechen, denken und uns bewegen können. Das sind mehr Gehirnzellen als Menschen auf der Erde leben.
Eine Milbe kann mehr als das Tausendfache ihres Körpergewichts tragen.

- Vom unscheinbaren Ei zum bunten Schmetterling. Beschreibe den Weg der Verwandlung.
- Ameisen sind Meisterarchitekten, Bienen informieren mithilfe der Tanzsprache, wo es Nektar zu holen gibt ... Forscht in Gruppen weiter, was ihr über Ameisen und Bienen noch erfahren könnt. Stellt eure Ergebnisse in der Klasse vor.
- Erzählt eure Erlebnisse mit Haustieren.
- Wie viel wiegst du? Wie viel wiegt deine Schultasche? Rechne aus: Wie viele Schultaschen musst du tragen, um die Leistung der Milbe zu erreichen?

Innendrin

Langsam beschlägt der Spiegel. Ganz heiß und nass und rot vom Baden steht Dieter davor und betrachtet sein Spiegelbild. Wie unförmig seine Füße direkt von vorne aussehen!

Blutkreislauf. Herz. Leber. Lunge. Niere. Vorhin hat er das alles mit Buntstiften säuberlich in sein Bioheft gemalt. Aber das soll alles in ihm drin sein? In dem dicken Medizinbuch hat er am hinteren Buchdeckel einen ausklappbaren Menschen entdeckt. Vom Hals bis zu den Beinen klappt die Haut weg und zeigt das Innendrin. An Armen und Beinen sieht man die Adern, Muskeln und Knochen unter der Haut. Durch den Mund kann man in den Hals sehen.

Langsam wischt Dieter den Beschlag vom Spiegel. Er würde gerne sehen, ob in ihm auch alles so ist. Es muss wohl, denn sonst wäre er krank. Aber er kann es einfach nicht glauben, würde sich auch gerne so aufklappen wie den Papiermenschen. Wie wunderbar ist es doch eingerichtet, dass überall die Haut ist. Und wie wäre das erst, wenn er beim Essenkauen schlucken würde und dann sagen müsste: „Speiseröhre, los, schick den Kram zum Magen!“ Und dem Magen: „Vorwärts. Jetzt verdaue! Aber ordentlich. Behalte das, was für mich wichtig ist, und den Rest schick in die Därme!“ Und den Därmen dann: „Na, schneller. Es wird langsam Zeit, dass ich aufs Klo gehe, schneller!“ Er müsste dem Blut befehlen: „Fließe!“ Der Lunge: „Atme!“ Dem Herzen: „Klopfe!“ Bestimmt würde er die Hälfte vergessen. Und dann ... Es ist gut, dass alles von selbst geht. Sein Blut fließt. Er atmet. Sein Herz klopft. Langsam zieht Dieter sich an. Er zieht nicht nur sich an, sondern noch einen zweiten, so scheint ihm, der in ihm drin ist. Den er nicht kennt, von dem er nichts weiß, der aber macht, dass er lebt.

Susanne Kilian

Ich danke dir, dass ich so wunderbar gestaltet bin.

Nach Psalm 139,14

- Suche in der Geschichte Sätze, die dich überraschen oder die du selbst schon gedacht hast.
- Probiere aus: Du hüpfst zehnmal auf der Stelle. Was passiert in deinem Körper? Was stellst du fest?
- Stellt euch vor, dass ihr eurem Körper alle Bewegungen befehlen müsst, zum Beispiel einen Schritt zu gehen. Probiert es aus!
- Schreibe den Psalmvers in deinem Ich-Buch weiter: Ich danke dir, dass ...

Über das Universum staunen

- Wenn wir nachts die Sterne funkeln sehen, ist ihr Licht schon viele Jahre unterwegs.
- Ein Lichtstrahl ist so schnell, dass er in einer Sekunde mehr als siebenmal die Erde umrunden kann.
- Vom Polarstern, der auf diesem Bild zu sehen ist, braucht das Licht ungefähr 400 Jahre bis zu uns auf der Erde.

Schaut am Abend zum Himmel und versucht die Sterne zu zählen. Erzählt einander von euren Erfahrungen.

Betrachtet zu zweit das Bild. Wie ändert sich euer Eindruck, wenn ihr die Sätze über das Licht lest? Tauscht euch aus.

Bettina: Vati, was ist denn hinter dem Himmel?

Vater: Da ist das Universum, von dem wir nicht wissen, wo es ein Ende hat und ob es überhaupt ein Ende hat – ein Raum, in dem unzählige Sonnen und Planeten kreisen.

Bettina: Gibt es denn mehr als eine Sonne?

Vater: Es gibt zahllose Sonnen. Wir können nur nicht alle sehen. Und es gibt Milliarden von Planeten, kleiner und größer als unsere Erde.

Bettina: Aber wie können die denn alle noch Platz im Universum haben? Unsere Erde ist doch so riesig!

Vater: Das scheint uns nur so, weil wir viel kleiner als die Erde sind. Unser Planet, auf dem wir uns zu Hause fühlen, ist nur wie ein Staubkorn im Universum.

Bettina: Wie ein Staubkorn? Wie groß muss da das Universum sein! Aber wir sind genau in seinem Mittelpunkt, nicht wahr?

Vater: Wir wissen nicht, wo der Mittelpunkt des Universums ist. Von dir aus gesehen bist jedenfalls du der Mittelpunkt.

Bettina: Wenn aber unsere Erde nur ein Staubkorn mitten im Universum ist – was sind dann wir?

Vater: Es kommt darauf an, wie man's betrachtet. Im Universum sind wir fast ein Nichts.

Bettina: Ach ...!

Gudrun Pausewang

Wenn ich zum Himmel schaue, zum Mond und zu den Sternen, frage ich: Was ist der Mensch, dass du an ihn denkst? Des Menschen Kind, dass du dich seiner annimmst? Du hast ihn nur wenig geringer gemacht als Gott, hast ihn mit Herrlichkeit gekrönt.

Nach Psalm 8,4–6

Wissenschaftlerinnen und Wissenschaftler beobachten die Sterne, um zu erforschen, wie das Universum* entstanden ist. Sammelt eure Ideen und Informationen dazu für ein ➤ Lapbook.

? Im Universum sind wir fast nichts, sagt der Vater von Bettina. Lest dazu Psalm 8. Stellt beide Aussagen gegenüber. Welcher Aussage stimmt ihr mehr zu? Begründet.

Gott für seine Schöpfung loben

Im Anfang schuf Gott Himmel und Erde. Die Erde aber war ein Chaos, noch leer, nur Wasser und Finsternis. Und Gottes Geist schwebte über der Urflut.

Gott sprach: „Es werde Licht." Und es wurde Licht. Gott sah, dass das Licht gut war. Er trennte das Licht von der Finsternis. Gott nannte das Licht Tag. Die Finsternis nannte er Nacht.

Es wurde Abend und es wurde Morgen: erster Tag.

Dann sprach Gott: „Ein Gewölbe entstehe mitten im Wasser und trenne das Wasser oben vom Wasser unten." Gott nannte das Gewölbe Himmel.

Es wurde Abend und es wurde Morgen: zweiter Tag.

Dann sprach Gott: „Das Wasser unterhalb des Himmels sammle sich an einem Ort, damit das Trockene sichtbar werde." Das Trockene nannte Gott Land. Das angesammelte Wasser nannte er Meer. Gott sah, dass es gut war.

Dann sprach Gott: „Das Land lasse alle Arten von Pflanzen und von Bäumen wachsen." So geschah es. Gott sah, dass es gut war.

Es wurde Abend und es wurde Morgen: dritter Tag.

Dann sprach Gott: „Lichter sollen am Himmel sein. Sie sollen Tag und Nacht voneinander trennen. Die Lichter sollen über die Erde leuchten und die Feste, die Tage und die Jahre anzeigen." Gott machte die Sonne für den Tag und den Mond und die Sterne für die Nacht.

Es wurde Abend und es wurde Morgen: vierter Tag.

Dann sprach Gott: „Das Wasser wimmle von Fischen und Vögel sollen am Himmel fliegen." So geschah es. Gott sah, dass es gut war.

Gott segnete sie und sprach: „Seid fruchtbar und vermehrt euch."

Es wurde Abend und es wurde Morgen: fünfter Tag.

Manche Menschen sagen: Dieser Text ist ein Lied oder ein Gedicht. Teilt den Text in Strophen und Refrain auf und tragt ihn mit verteilten Rollen vor.

Wie beurteilt Gott sein Werk? Nennt die Sätze im Text. Lest den Text dann nochmals mit verteilten Rollen.

Das Titelbild von Seite 11 zeigt, dass Gott in seiner erschaffenen Welt da ist. Sucht die entsprechenden Stellen im Bild.

Dann sprach Gott: „Das Land bringe alle Arten von Tieren hervor: Herdentiere, Kriechtiere und Wildtiere.“ So geschah es. Gott sah, dass es gut war.

Dann sprach Gott: „Lasst uns Menschen machen. Sie sollen mir ähnlich sein. Sie sollen herrschen über die ganze Erde und über alle Tiere im Wasser, am Himmel und auf dem Land.“

Gott schuf also den Menschen nach seinem Bild, als ein Abbild Gottes schuf er ihn. Als Mann und Frau schuf er sie. Gott segnete sie und sprach zu ihnen: „Seid fruchtbar und vermehrt euch. Bevölkert die Erde. Kümmert euch um die Fische des Meeres, um die Vögel des Himmels und um alle Tiere, die auf dem Land leben.“

Dann sprach Gott: „Hiermit vertraue ich euch alle Pflanzen auf der ganzen Erde an. Sie sollen euch und allen Tieren zur Nahrung dienen.“

So geschah es. Gott sah alles an, was er gemacht hatte: Es war sehr gut.

Es wurde Abend und es wurde Morgen: der sechste Tag.

So wurden der Himmel und die Erde vollendet.

Am siebten Tag beendete Gott sein Werk und er ruhte. Gott segnete den siebten Tag und heiligte ihn.

Nach Genesis 1,1–2,4

Nehmt die Haltung der Figur auf dem Bild ein. Bleibt eine Weile so sitzen. Spürt der Haltung nach.

Schreibt auf Papierstreifen alle Aussagen über den Menschen aus der Schöpfungserzählung und legt sie um das Bild.

Das habe ich über die Entstehung der Welt gelernt: Gestaltet jetzt dazu euer ➤ Lapbook.

Wie Menschen heute in Gottes Welt leben

Gebt Bildern, die zusammengehören, eine Überschrift. Ihr könnt auch Gegensatzpaare bilden und dazu ebenfalls eine Überschrift finden. Sucht weitere Bilder in Zeitungen/Zeitschriften und im Internet. Gestaltet damit ein ➤ Lernplakat.

Vergleiche die Bilder mit dem Schöpfungsauftrag auf den Seiten 16–17. Lege auf die Bilder Smileys oder Muggelsteine, von denen du annimmst, dass sie dem Schöpfungsauftrag entsprechen. Besprich deine Entscheidung mit deiner Nachbarin oder deinem Nachbarn.

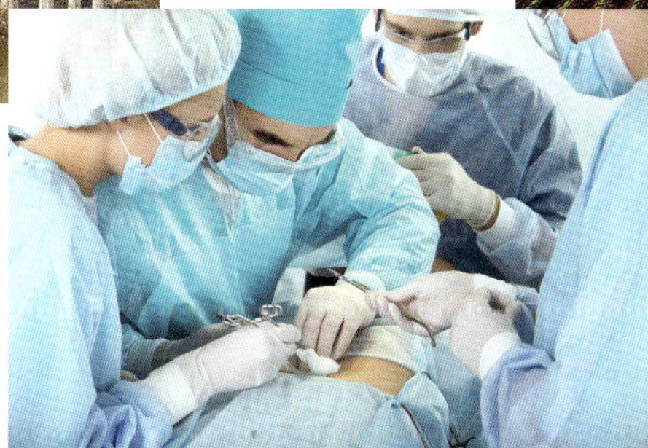

Schreibt folgende Wörter auf Kärtchen: helfen, beherrschen, ausbeuten, retten, achtgeben, pflegen, gering schätzen, erfinden, zerstören, sich kümmern. Legt sie auf die Bilder.

Die Welt für unsere Zukunft erhalten

Das Mädchen, das die Welt für sechs Minuten zum Schweigen brachte

Severn Cullis-Suzuki aus Kanada gründete im Alter von 9 Jahren in ihrer Schule einen Umweltclub, um mit anderen Kindern über Umweltprobleme nachzudenken und nach Lösungen zu suchen. Mit 12 Jahren sammelte sie zusammen mit drei Freundinnen Geld, um 1992 nach Rio de Janeiro zur ersten Umweltkonferenz der Vereinten Nationen* zu reisen. Dort hielt Severn eine beeindruckende Rede.

„Hallo, ich bin Severn Cullis-Suzuki,
ich bin hier, um euch Erwachsenen zu sagen, dass ihr etwas verändern müsst. Ich kämpfe für meine Zukunft.
Ich bin hier, um für alle Generationen zu sprechen.
Ich bin hier, um im Namen der hungernden Kinder auf dieser Welt zu sprechen, deren Schreie ungehört bleiben.

Lies die Rede und tausche dich mit deinem Banknachbarn, deiner Banknachbarin darüber aus, was dich an der Rede von Severn besonders beeindruckt hat.

Stellt in einer Liste zusammen, welche Probleme in der Welt Severn aufzählt. Sucht euch Beispiele heraus und gestaltet in Gruppenarbeit ➤ Lernplakate.

Ich habe Angst vor der Sonne wegen der Löcher in der Ozonschicht.

Ich habe Angst, die Luft zu atmen, weil ich nicht weiß, welche Chemikalien sie enthält.

Aber ihr wisst nicht, wie ihr die Löcher in unserer Ozonschicht schließen könnt.

Ihr wisst nicht, wie man eine ausgestorbene Tierart wieder zurückholt.

Ihr könnt uns die abgeholzten Regenwälder nicht zurückholen, wo jetzt Wüste ist. Wenn ihr das alles nicht könnt, dann hört doch bitte auf, unsere Erde weiter zu zerstören!

In Kanada leben wir ein Leben mit Essen im Überfluss, Wasser und einem Dach über dem Kopf. Wir haben Uhren, Fahrräder, Computer und Fernseher. Vor zwei Tagen waren wir echt überrascht, als wir etwas Zeit mit den Straßenkindern hier in Brasilien verbrachten.

Ein Straßenkind hier in Brasilien sagte uns: Wenn ich reich wäre, würde ich allen Straßenkindern Nahrung, Kleidung, Medikamente, eine Wohnung, Liebe und Zuneigung schenken. Ja, ein Straßenkind, das nichts hat, hat den Wunsch zu teilen, und wieso sind wir, die wir alles haben, so gierig?

In der Schule lehren sie uns, nicht zu streiten, andere zu respektieren, zu teilen. Warum tut ihr dann selbst solche Dinge, die wir nicht tun sollen?

Vergesst nicht, wir sind eure Kinder! Ihr entscheidet, in welcher Welt wir aufwachsen werden.

Ihr Erwachsenen sagt, dass ihr uns liebt. Ich fordere euch auf: Bitte zeigt uns das auch in eurem Handeln!"

Heute ist Severn Umweltaktivistin, Schriftstellerin und Mutter. Sie sagt: „Viele Umweltprobleme sind heute noch schlimmer als damals." Doch sie gibt nicht auf und setzt sich weiterhin unermüdlich für den Schutz der Umwelt, der Tiere und für die Menschen auf der ganzen Welt ein.

Stell dir vor, du bist ein Straßenkind in Brasilien. Erzähle: Was fehlt dir? Wovor hast du Angst? Was wünschst du dir? Trage deine Vorstellungen der Klasse vor.

Ihr könnt wie Severn eine Rede vor Erwachsenen halten. Bereitet die Rede mithilfe einer Mindmap vor. Sammelt dazu Beispiele für Unrecht in eurer Umgebung oder auf der Welt. Schreibt eure Rede auf.

Unrecht beim Namen nennen

Amos lebt als Viehzüchter in Israel. Von der Arbeit weg hat ihn Gott gerufen: „Geh und rede zu den Menschen in Israel." Amos beobachtet die Menschen und er sieht: viele werden unterdrückt und ungerecht behandelt. Die Reichen beuten die Armen aus. Mutig und unermüdlich erhebt Amos seine Stimme. Als Prophet Gottes klagt er an.

Sucht das Gute, nicht das Böse und tut was Recht ist!

Nach Amos 5,15

Ihr verfolgt die Schwachen und unterdrückt die Armen im Land. Ihr lasst euch bestechen und weist den Armen ab vor Gericht.

Nach Amos 8,4; 5,12

Schaut euch das Bild oben an. Stellt es in einem Standbild nach. Beschreibt: Wie reagieren die Menschen auf Amos?

? Stellt die Vergehen zusammen, gegen die sich Amos wendet. Befragt Amos: Warum bist du dagegen, dass …

Ihr sagt: Wann ist der Sabbat vorbei? Wir wollen Getreide verkaufen. Wir wollen den Kornspeicher öffnen, das Maß kleiner und den Preis größer machen und die Gewichte fälschen. Sogar den Abfall des Getreides machen wir zu Geld.

Nach Amos 8,5–6

Ihr kommt in den Tempel,
um Gott Brandopfer darzubringen.
Er hat kein Gefallen an euren Gaben.
Weg mit dem Lärm eurer Lieder.

Nach Amos 5,22–23

Schaut euch noch einmal die Bilder von den Seiten 18–19 an. Schreibt auf Sprechblasen, was Amos kritisieren würde. Die Satzanfänge helfen euch dabei: Hört auf ... Sorgt für ... Tretet ein für ... Gott will ...

Stellt zu zweit zusammen, was einen Propheten ausmacht. Die Gesten und Worte von Amos helfen euch dabei.

? Ist Severn (S. 20–21) eine Prophetin? Begründet eure Entscheidung.

Verantwortlich handeln – sich kümmern

Joelma ist 13 Jahre alt und lebt mit ihrer Familie in Nicaragua. Ihre Eltern arbeiten auf einer großen Kakao-Plantage. Auch Joelma muss mit ihren fünf Geschwistern mithelfen.

Auf der Plantage steht ein Kakaobaum neben dem anderen. Die Früchte des Kakaobaums sind rotbraun und groß wie eine Melone. Sie wachsen direkt am Stamm und fühlen sich hart an. Junge Männer schneiden die Kakaofrüchte mit langen, scharfen Messern vom Baum ab. Mit anderen Frauen und Mädchen sammelt Joelma die heruntergefallenen Früchte ein. Sie tragen die schweren Körbe auf ihrem Kopf zur Sammelstelle. Dort schlägt Joelma die Kakaofrüchte mit einem großen Messer auf, um die Samen herauszupulen. Das sind die Kakaobohnen. In der prallen Sonne ist es sehr heiß. An manchen Tagen muss Joelma ihrem Bruder Paolo helfen, ein giftiges Mittel gegen Schädlinge auf die Kakaofrüchte zu sprühen. Es juckt und brennt überall – am schlimmsten in den Augen, in der Nase und im Mund.

Joelma muss morgens um fünf Uhr aufstehen. Zu Fuß geht sie dann mit ihren Eltern den sechs Kilometer weiten Weg zur Plantage. Dort arbeitet sie jeden Tag fast zwölf Stunden lang. Viel lieber würde sie zur Schule gehen.

Joelma kann weder lesen noch schreiben. Oft macht sie das sehr traurig. Sie würde gerne in der Stadt wohnen, mit anderen Jugendlichen etwas unternehmen und später in einem Büro arbeiten – mit einer geregelten Arbeitszeit und einem gerechten Arbeitsvertrag.

Aber sie hat keine Wahl. Ihre Mutter, ihr Vater, alle ihre Geschwister und sie selbst müssen auf der Kakaoplantage arbeiten. Denn nur zusammen können sie genug Geld verdienen, um zu überleben.

Lege eine Tabelle an: Schreibe auf die linke Seite deinen Tagesablauf, auf die rechte Seite den Tagesablauf von Joelma. Schreibe darunter den größten Wunsch von Joelma und von dir.

Die Kinderrechte wurden 1989 von den Vereinten Nationen* verkündet. Suche die Rechte im Internet. Schreibe auf, welche Rechte Joelma vorenthalten werden.

Beim Einkaufen

Paul und Tina sind mit ihrem Vater beim Einkaufen.
Sie dürfen sich Schokolade aussuchen. Seit sie in der Schule erfahren haben, dass viele Arbeiter und auch Kinder unter schlimmen Bedingungen auf Kakaoplantagen arbeiten müssen, suchen sie nach Produkten mit dem Fair-Siegel.
„Fair“ ist englisch und bedeutet so viel wie „anständig“ oder „ordentlich“.
Man sagt: „Das ist fair“, wenn alle gerecht behandelt werden.

Fairer Handel kann die Situation der Kakaobauern verbessern. Wenn die Händler den Bauern einen gerechten Preis für ihren Kakao und ihre Arbeit bezahlen, verdienen sie so viel Geld, dass es zum Leben reicht. Dann können die Familien ihre Kinder auch zur Schule schicken. Außerdem müssen die Arbeiter nicht unter gefährlichen und unmenschlichen Bedingungen arbeiten. Das alles ist fair!

Faire Produkte erkennst du an den Fair-Siegeln.

FAIRTRADE®

Naturland Fair

Informiert andere bei einem Schulfest oder an einem Elternabend, unter welchen Bedingungen Kakaobohnen hergestellt werden.

- Stellt die Vorteile heraus, die der Kauf von fairen Produkten für Menschen wie Joelma hat.
- Zeigt an einem ➤ Lernplakat, welche Geschäfte in eurer Umgebung faire Produkte anbieten.

Begründet, warum Christen sich für fairen Handel einsetzen.

Nachdenken – mitfühlen – handeln

Stellt einen Stuhl für die Naturwissenschaft und einen Stuhl für die Bibel in die Mitte. Wenn du eine Antwort auf die Fragen der Kinder von der Naturwissenschaft erwartest, setze dich auf den Stuhl der Naturwissenschaft. Erwartest du eine Antwort, die in der Bibel zu finden ist, setze dich auf den Stuhl, der für die Bibel steht.

In der Schöpfungserzählung sind Pflanzen, Tiere und Menschen von Gott geschaffen. Sie sind zu achten und zu schützen. Schreibt mithilfe der Placemat-Methode auf: Rechte für Kinder – Rechte für Fremde – Schutz der Tiere – Schutz der Pflanzen ...

Viele Menschen leben in Armut. Sie hungern und haben kein sauberes Wasser. „Da können wir doch nichts machen", sagen manche. Diskutiert darüber.

Ich bin gefragt

- Das habe ich verstanden und neu gelernt.
- Das will ich mir aus diesem Kapitel besonders merken.
- Darüber möchte ich weiter nachdenken.

2 In Bildern und Symbolen von Gott sprechen

Mit Worten malen

Mir steht das Wasser bis zum Hals.

Wer anderen eine Grube gräbt, fällt selbst hinein.

Etwas unter den Teppich kehren.

Steine in den Weg legen.

Sven und Ulla haben die Aufgabe, die Küche in Ordnung zu bringen. Gleich gibt es Streit, wer welche Arbeit macht. Ulla sagt: „Fang du erst mal an, ich mach dann schon auch noch was.“ Sven wird wütend: „Immer drückst du dich!“

Leon will unbedingt ein Pferd. Seine Eltern erklären ihm, dass sie dafür wirklich kein Geld haben und die Unterbringung im Ponyhof viel zu teuer ist. „Wir schenken dir aber gerne ein paar Reitstunden auf dem Ponyhof.“ Doch Leon lässt sich nicht abbringen. Jeden Tag nervt er seine Eltern mit dem Wunsch.

Sara möchte heute Abend unbedingt ihren Lieblingsfilm im Fernsehen anschauen. Doch Papa hat „Nein“ gesagt, da morgen Schule ist.
Sara wartet ungeduldig, bis Mama aus dem Büro kommt.
„Mama“, Sara schmiegt sich an sie, als die Tür aufgeht, „ich möchte so gerne einen Film anschauen, darf ich?“
Saras Mama ist total erledigt von der Arbeit. Sie nickt nur und meint: „Aber steh morgen früh auf, wenn du geweckt wirst.“ Sara strahlt und nickt. Dann läuft sie ins Wohnzimmer und setzt sich vor den Fernseher.

Jonas liest die Matheaufgabe schon zum dritten Mal durch. Er findet einfach keinen Lösungsweg. Da ruft er seinen Freund Benni an. Benni sagt: „Wir haben doch in der Schule heute eine ähnliche Aufgabe gelöst. Schau mal in dein Heft!“ Jonas liest und plötzlich weiß er den Lösungsweg.

? Die Bilder zeigen Redewendungen. Findet sie heraus und schreibt sie auf Kärtchen.

Lest die vier Geschichten und legt eure Kärtchen mit den Redewendungen dazu, die zu den Geschichten passen.

Suche dir eine Redewendung in den Textstreifen aus. Male dazu ein Bild oder denk dir eine Geschichte aus. Schülerinnen und Schüler mit der gleichen Redewendung stellen ihre Ergebnisse der Klasse vor.

Suche weitere Redewendungen und stelle sie der Klasse pantomimisch vor.

? Warum verwenden wir überhaupt Redewendungen? Diskutiert in der Gruppe.

Symbole begleiten unser Leben

Felix ist gestürzt und hat sich das Bein gebrochen. Schnell wird er ins Krankenhaus gebracht und operiert. Alles ist gut gegangen, aber er muss noch eine ganze Woche im Krankenhaus bleiben. Als seine Mutter sich am Abend von ihm verabschiedet, ist Felix traurig.

Felix: Mein Bein tut so weh. Du sollst bei mir bleiben!
Mama: Felix, das geht nicht. Aber morgen besuche ich dich wieder, gleich nach der Arbeit.

Felix: Mama, bitte bring mir morgen unbedingt Oskar, meinen Teddy, mit. Dann kann ich viel besser einschlafen.

Als die Mutter von Felix am nächsten Tag den Teddy einpacken will, sieht sie, dass er nicht mehr schön aussieht. Das Fell ist abgewetzt, er hat nur noch ein Auge und an einer Stelle quillt schon die Füllung heraus. Da hat sie eine Idee. Sie will Felix überraschen und kauft auf dem Weg zum Krankenhaus einen neuen Teddybären.

Mama: Hallo Felix! Schau, wen ich dir mitgebracht habe.
Felix: Aber das ist doch nicht Oskar!
Mama: Ja, der ist aber nicht mehr schön. Sein Fell ist ganz abgewetzt und er hat sogar schon ein Loch. Ich hab dir einen neuen Teddy gekauft. Fühl mal, wie kuschelig er ist.
Felix: Ich will meinen Teddy! Den kannst du wieder mitnehmen. Ich will ihn nicht.
Mama: Aber warum denn nicht?

- Führt das Gespräch zwischen Felix und seiner Mutter weiter.
- Stellt gegenüber: Das verbindet Felix mit seinem Teddy – das sieht seine Mutter in dem alten Teddy.
- Plant eine Ausstellung mit Gegenständen, die euch viel bedeuten. Schreibt auf Karten dazu, was ihr mit euren Gegenständen verbindet.

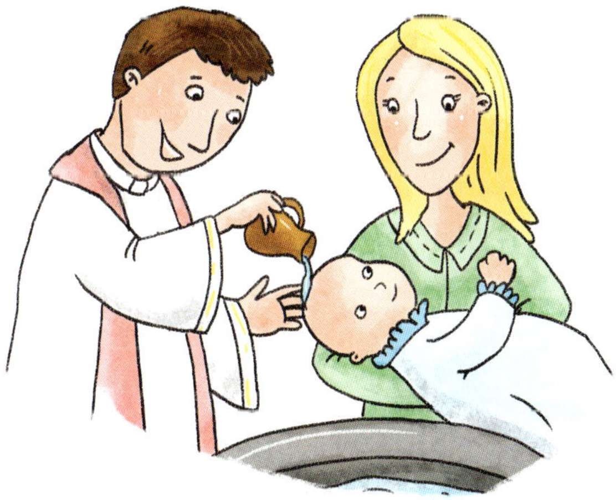

Lest im Lexikon den Artikel Symbol* und erklärt die Überschrift von Seite 30.

Erzählt oder spielt zu den Bildern Geschichten.

Entwerft jeweils eine Mindmap zu folgenden Symbolen oder Symbolhandlungen: Freundschaftsbänder, Pokal, sich die Hände reichen, Wasser bei der Taufe.

Sich mit Bildworten an Gott wenden

Wer sich auf Gott verlässt

T: Rolf Krenzer / M: Detlev Jöcker
Menschenkinder Verlag und Vertriebs GmbH, Münster
c/o Melodie der Welt GmbH & Co. KG, Frankfurt/Main

2. Wer sich auf Gott verlässt, auf Gott, den Herrn allein, der ist wie ein Vogelkind im Nest. So wird er gesegnet sein. Ja, so wird er gesegnet sein.

3. Wer sich auf Gott verlässt, auf Gott, den Herrn allein, der ist wie eine Blume, die zart erblüht. So wird er gesegnet sein. Ja, so wird er gesegnet sein.

4. Wer sich auf Gott verlässt, auf Gott, den Herrn allein, der ist wie ein Licht, das scheint durch die Nacht. So wird er gesegnet sein. Ja, so wird er gesegnet sein.

- Findet zu den Bildworten Gebärden und begleitet damit das Lied.
- Sucht euch aus dem Lied ein Bildwort heraus und schreibt dazu ein ➤ Rondell-Gedicht.
- Du kannst das Lied weiterdichten: Wer sich auf Gott verlässt, der ist wie …
- Sucht nach Bildworten in Gebeten und Liedern, die ihr im Religionsbuch findet.

Menschen verlassen sich auf Gott. Sie rufen ihn an, sie loben ihn, danken, klagen und bitten. Dazu verwenden sie häufig auch Bildworte.

Ich will dich lieben, Herr, meine Stärke.
Herr, du mein Fels und meine Burg und mein Retter.

Psalm 18,2.3

Herr, mein Gott, überaus groß bist du!
Du hüllst dich in Licht wie einen Mantel,
du spannst den Himmel aus gleich einem Zelt.

Psalm 104,1.2

Meine Kraft ist vertrocknet wie eine Scherbe,
die Zunge klebt mir am Gaumen.

Psalm 22,16

Ich aber, Herr, ich habe dir vertraut,
ich habe gesagt: Mein Gott bist du.
In deiner Hand steht meine Zeit.

Psalm 31,15.16

Hingeschüttet bin ich wie Wasser,
gelöst haben sich all meine Glieder,
mein Herz ist geworden wie Wachs.

Psalm 22,15

Ich liege wach und ich klage wie ein einsamer Vogel auf dem Dach.

Psalm 102,8

Herr, deine Liebe reicht,
so weit der Himmel ist,
deine Treue bis zu den Wolken.

Psalm 36,6

Wähle einen Psalmvers aus. Überlege: In welcher Situation betet ein Mensch diesen Psalmvers? Schreibe eine Geschichte dazu oder male. Tausche dich mit anderen aus, die den gleichen Vers gewählt haben.

Schreibe weiter: Gott, heute bin ich wie … Gott, manchmal bin ich wie … Gott, du bist für mich wie …

Schreibe einen Satz, der für dich stimmt, in dein Ich-Buch.

Aufpasser
Lückenbüßer
Helfer
Schöpfer
König
Fels
unsichtbar
abwesend
klein
trösten
Turm
glauben
Freund
Brücke
Licht
barmherzig
nah
lieben
tief
Leben
Sonne
rufen
fern
Feuer
Gott
gut
fragen
Macht
mächtig
zweifeln
klagen
Wolke
Herrscher
verzeihen
Himmel
Tür
suchen
Mutter
Auge
beschützen
Vater
ewig
Weg
begleiten
Haus
bitten
Arzt
Gesetzgeber

- Suche aus der „Gottes-Cloud“ Wörter heraus, mit denen du beschreiben kannst, wie du dir Gott vorstellst.
- Entwirf eine eigene „Gottes-Cloud“. Klebe sie in dein Ich-Buch.
- Wähle ein Bild aus. Alle, die das gleiche Bild gewählt haben, bilden eine Gruppe:
  - Beschreibt das Bild.
  - Sucht Wörter und Sätze auf den Seiten 32–34, die dazu passen.
  - Stellt eure Ergebnisse der Klasse vor.

Das Kreuz – Symbol der Christen

Stell dir vor, du könntest einer Frau aus der ersten Christengemeinde zuhören:

„Ich heiße Susanna. Ich bin in Jerusalem geboren und aufgewachsen. Meine Eltern waren gläubige Juden, wir feierten den Sabbat und die jüdischen Feste. Am Paschafest dankten wir Jahwe, unserem Gott, für die Befreiung aus Ägypten.

Als junges Mädchen bin ich Jesus begegnet. Ich war begeistert von ihm. In seiner Nähe habe ich immer gefühlt, dass Gott da ist. In allem, wie Jesus gelebt hat, was er gesagt hat, war Gott zu spüren. Weil wir ausdrücken wollten, dass Gott durch Jesus spricht und handelt, nannten wir ihn Sohn Gottes.

Als Jesus gestorben ist, war das ein großer Schock für uns. Jetzt schien alles vorbei zu sein. Wir wussten gar nicht mehr, was wir glauben sollten. Ich war völlig verzweifelt. Und dann hörte ich, dass Jesus lebt, dass er auferstanden ist. Es wurde alles noch unglaublicher.

Als wir uns 50 Tage später trafen – es war an Pfingsten –, fühlten wir, wie eine unsichtbare Kraft uns neuen Glauben gegeben hat. Wir konnten glauben, dass es mit Jesus doch nicht vorbei ist. Wir erkannten, dass er lebt und bei Gott ist. Diese unsichtbare Kraft haben wir später Heiligen Geist genannt.

Jetzt bete ich zu Gott, dem rettenden Vater, zu Gott, der in Jesus Mensch geworden ist, zu Gott, der als Heiliger Geist bei uns ist. Es ist immer nur der eine Gott.“

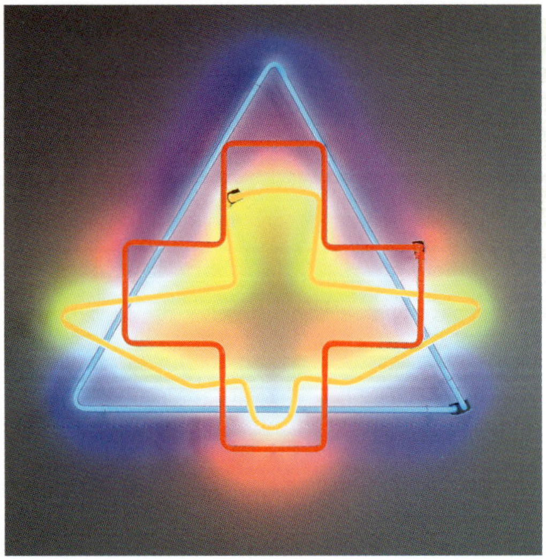

Christen machen das Kreuzzeichen und sprechen dazu: „Im Namen des Vaters und des Sohnes und des Heiligen Geistes.“ Erkläre mithilfe der Geschichte, warum sie dies tun.

Der Künstler hat seine Vorstellung von dem einen Gott umgesetzt. Zeigt, wie das Bild zu der Erzählung von Susanna passt.

Betrachtet die drei Fotos und tauscht euch aus: Weshalb ist das Kreuz dort angebracht?

Fotografiert Kreuze, die ihr in eurer Umgebung findet. Gestaltet damit eine Ausstellung und schreibt dazu:
- Wo habe ich das Kreuz gefunden?
- Was bedeutet es?

Schaut euch das Kreuz oben an: Frauen aus El Salvador in Lateinamerika haben Bilder auf ihr Kreuz gemalt. Sie machen aufmerksam auf ihr Elend und auf ihre Hoffnung. Zeigt anhand des Kreuzes, welche Situationen für sie wichtig sind.

Gestaltet für euch ein Kreuz: Ihr könnt es bemalen, beschriften ... Schneidet es aus und klebt es in euer Ich-Buch.

Nachdenken – mitfühlen – handeln

Gott ist wie ......

Das Bild auf Seite 27 ist eine sehr alte Gottesdarstellung. Beschreibe das Bild und erkläre, wie sich der Künstler Gott vorstellt.

Entwirf ein Bild oder ein Symbol*, das zu deiner Gottesvorstellung passt. Präsentiert die Bilder in einem Museumsgang.

Gestaltet ein eigenes „Gottes-Puzzle", schreibt oder malt auf eure Puzzleteile, wie Gott für euch sein kann.

? „Gott ist immer größer." Dieser Satz stammt von Ignatius von Loyola, einem Ordensgründer. Findet heraus, was Ignatius mit diesem Satz ausdrücken wollte. Verwendet dazu die Ich-Du-Wir-Methode (Think-pair-share).

Ich bin gefragt

- Das habe ich verstanden und neu gelernt.
- Das will ich mir aus diesem Kapitel besonders merken.
- Das muss ich noch nachfragen und üben.

3 Jesus wendet sich Menschen zu

Menschen hoffen heute

Hannas Mutter ist krank

Hanna sitzt über ihren Hausaufgaben. Da hört sie, wie die Haustür aufgesperrt wird. Ihr Vater kommt von der Arbeit nach Hause. Hanna freut sich, denn sie war den ganzen Nachmittag allein. Schon seit drei Wochen liegt ihre Mutter im Krankenhaus. Die Ärzte und der Vater machten immerzu ein ernstes Gesicht.

Heute wirkt ihr Vater viel fröhlicher, als er zu Hanna ins Zimmer kommt. „Auf dem Heimweg habe ich Mama besucht“, sagt er. „Es geht ihr jetzt endlich besser. Die Ärzte sagen, dass sie vielleicht nächste Woche nach Hause darf, wenn alles gut geht.“

Tim muss umziehen

Tim musste mit seiner Mutter in die Kreisstadt umziehen, denn seine Eltern haben sich getrennt. Er liegt auf dem Bett in seinem neuen Zimmer und erinnert sich an den letzten Schultag. Seine alte Klasse hatte ihm eine Karte mit einem besonderen Bild geschenkt, auf der alle unterschrieben haben. Seine Lehrerin hat ihm zum Abschied die Hand gegeben und gesagt: „Wir wünschen dir für den Neuanfang alles Gute.“ Tim hat auch jetzt noch einen Kloß im Hals, wenn er daran denkt. Er vermisst seine alte Klasse, ganz besonders seinen besten Freund Fabian. Morgen beginnt die Schule. Er hofft, dass er in der neuen Klasse bald Anschluss findet.

Betrachtet das Bild oben. Diskutiert, wie es als Hoffnungsbild für die Situation von Hanna und Tim passt.

Male es in dein Heft, vergrößere den Spalt und schreibe hinein, worauf Hanna hofft, worauf Tim hofft …

Erzählt einander in Partnerarbeit: Darauf habe ich gehofft, … als ich einmal krank war; … als ich Streit mit einem Freund hatte; … als ich in der Schule eine schlechte Note geschrieben habe.

… und vor 2000 Jahren

Vor 2000 Jahren in Israel

Ich heiße Ruben und ich lebe mit meiner Familie in Kafarnaum, einer kleinen Stadt am See Gennesaret. Die Felder um den See sind fruchtbar, der See ist reich an Fischen. Ich bin Fischer, wie es auch schon mein Vater war. Wir leben schon seit vielen Generationen hier in Israel, doch unsere Situation hat sich durch die Römer sehr verändert. Sie haben unser Land erobert und zu einer Provinz ihres riesigen Reiches gemacht.
Jeden Tag fahren mein Bruder Benjamin und ich mit unserem Boot auf den See und fangen Fische, die wir dann auf dem Markt in Kafarnaum verkaufen. Doch seit die Römer da sind, müssen wir viele Steuern bezahlen und es bleibt uns kaum etwas zum Leben übrig. Jedes Mal, wenn wir in Kafarnaum sind, fällt mir auf, dass es immer mehr Bettler gibt. Besonders die Witwen, Waisen und Kranken leiden große Not.
Viele junge Männer in meinem Alter gehen fort, um sich den Kämpfern für die Befreiung des Landes anzuschließen. Doch kaum einer kommt zurück, die römischen Soldaten schlagen Aufstände stets grausam nieder.
Manchmal frage ich mich, wie Gott so etwas zulassen kann, oder ob er uns gar verlassen hat.
Mein Freund Simon hat mir erzählt, dass es da einen Mann aus Nazaret gibt, er heißt Jesus. Er zieht mit seinen Freunden durch das Land und spricht über etwas, das er das Reich Gottes nennt. Jesus ist anders als die anderen Prediger, er wendet sich vor allem denen zu, denen es nicht gut geht, die arm, alleine und krank sind.
Ob er uns Mut machen kann in unserer trostlosen Situation?

Stellt in einem Rollenspiel dar:
- Ruben und Benjamin klagen über die hohen Steuern.
- Ruben erzählt seiner Frau von dem Mann aus Nazaret. Sie überlegen, ob sie zu ihm gehen sollen.
- Einige junge Männer, die gegen die Römer kämpfen, diskutieren mit Jesus.

Schreibe die ➤ Geschichte weiter: Menschen beginnen zu hoffen …

Jesus begegnen – neuen Mut finden

Lange war es in meinem Leben ganz dunkel. Eines Tages …

Früher gingen mir alle aus dem Weg, weil ich ein Zöllner bin, dann kam …

Niemand hat uns ernst genommen, aber dann …

Da ist einer unterwegs

2. Die Lahmen können gehn, die Blinden wieder sehn.
Und die sonst keiner haben will, er sucht sie zu verstehn.

Jesus kommt nach Kafarnaum.
Dort geht er in ein Haus.
Sogleich versammeln sich
viele Menschen um ihn.
Nicht einmal vor der Tür ist noch Platz.
Jesus spricht zu ihnen von Gott.

Vier Männer kommen.
Sie tragen einen Gelähmten auf einer Bahre.
Sie wollen zu Jesus.
Aber niemand lässt sie durch.
Da decken sie einfach das Dach des Hauses ab.
Sie lassen den Gelähmten durch die Öffnung hinab.
Der Gelähmte liegt vor Jesus.
Jesus sieht ihren Glauben!
Und er sagt zu dem Gelähmten:
„Deine Sünden sind dir vergeben.
Ich sage dir: Steh auf,
nimm deine Bahre
und geh nach Hause."

Der Gelähmte steht sofort auf,
nimmt seine Bahre und
geht vor den Augen der Zuhörer weg.

Da geraten alle außer sich.
Sie loben Gott und sagen:
„So etwas haben wir noch nicht gesehen!"

Nach Markus 2,1–5.11–12

Endlich einer!

Endlich einer, der sagt:
Du bist wer,
und nicht:
Du bist nichts wert!

Endlich einer, der sagt:
Lasst die Kinder zu mir kommen,
und nicht:
Schert euch fort!

Endlich einer, der mich fragt,
was ich will,
und nicht:
Schweig still!

Endlich einer, der sagt:
Steh auf,
und nicht:
Du bist ein Sünder!

Nach Martin Gutl

- Schaut euch die Bilder an. Erzählt die Geschichten aus der Bibel dazu.
- Begleitet das Lied mit Gebärden.
- Die Begegnung mit Jesus macht den Menschen Mut. Zeige das an den Geschichten auf den beiden Seiten.
- Der Gelähmte kann aufatmen. Stellt in einem Standbild dar, was sich bei ihm verändert hat.
- Schreibe das Gedicht weiter: Endlich einer, der ...

Sich das Reich Gottes vorstellen

Jesus spricht oft von einem Reich, in dem es friedlich und gerecht zugeht.
Er sagt zu seinen Zuhörerinnen und Zuhörern: Dieses Reich Gottes beginnt schon hier und jetzt!

Auf einem Berg, draußen vor der Stadt, spricht Jesus. Viele strömen hinaus. Mit Erstaunen hören sie, was er sagt.

SELIG die Trauernden; denn sie werden getröstet werden.

SELIG, die keine Gewalt anwenden; denn sie werden das Land erben.

SELIG, die hungern und dürsten nach der Gerechtigkeit; denn sie werden satt werden.

SELIG die Barmherzigen; denn sie werden Erbarmen finden.

SELIG, die ein reines Herz haben; denn sie werden Gott schauen.

SELIG, die Frieden stiften; denn sie werden Kinder Gottes genannt.

Nach Matthäus 5,4–9

Mit seinen Sätzen macht Jesus den Menschen Mut. Schreibe den Satz, der für dich wichtig ist, in dein Ich-Buch.

So wird es im Reich Gottes sein:
- Da werden Einsame …
- Da werden Mutlose …
- Da werden Verachtete …

Schreibt die Sätze weiter.

Die Worte und Taten von Jesus verbreiten sich wie ein Lauffeuer. Menschen bekommen neue Hoffnung, wenn Jesus sagt:
„Gott lässt euch nicht im Stich.
Trauernde werden getröstet.
Es wird gerecht zugehen."
Aber es gibt auch viele, die sagen:
Das, was Jesus uns da verspricht, ist doch nur ein schöner Traum. Wie soll das wahr werden? Wo ist es zu sehen?
Jesus antwortet mit einem Beispiel.

Das Reich Gottes gleicht einem Senfkorn. Dieses ist das kleinste von allen Samenkörnern, die man in die Erde sät. Ist es aber gesät, dann geht es auf und wird größer als alle anderen Gewächse und treibt große Zweige, sodass in seinem Schatten die Vögel des Himmels nisten können.

Markus 4,30–32

Aus den kleinen Senfkörnern wachsen bis zu drei Meter hohe Sträucher.
Die Samen des Senfstrauchs, wie er in Israel wächst, sind winzig klein. 1000 Samenkörner wiegen nur ein Gramm.

Stellt das Wachstum des Senfstrauchs mit eurem Körper dar. Ihr könnt es auch mit Musikinstrumenten ausdrücken.

Schreibt auf Papierstreifen, was Jesus gesagt und getan hat. Gestaltet damit einen Senfstrauch als Bodenbild.

Schreibt auf andersfarbige Papierstreifen kleine Anfänge des Reiches Gottes in eurer Klasse, in der Familie, in eurer Umgebung ... und ergänzt damit das Bodenbild.

Sich auf das Reich Gottes einlassen

Jesus zeigt den Menschen, was im Reich Gottes wichtig ist: Er wendet sich denen zu, die krank sind, die ausgestoßen sind und verachtet werden. Bei ihm spüren sie: Sie sind wertvoll – auch für Gott.
Jesus fordert seine Zuhörerinnen und Zuhörer auf, so zu handeln wie er.

Er sagt: „Jetzt ist die Zeit da: Das Reich Gottes ist nahe. Kehrt um und glaubt an meine frohe Botschaft“ (Markus 1,15).
Das fällt vielen nicht leicht. Da erzählt Jesus ihnen Gleichnisse, um sie zum Nachdenken zu bringen.

Das Gleichnis vom Schatz im Acker

Mit dem Reich Gottes
ist es wie mit
einem Schatz, der
in einem Acker vergraben war.
Ein Mann entdeckte ihn,
grub ihn aber wieder ein.
Und in seiner Freude
verkaufte er alles, was er besaß,
und kaufte den Acker.

Nach Matthäus 13,44

Das Gleichnis von der Perle

Mit dem Reich Gottes
ist es wie mit
einem Kaufmann, der
schöne Perlen suchte.
Als er eine besonders
wertvolle Perle fand,
verkaufte er alles,
was er besaß,
und kaufte sie.

Nach Matthäus 13,45–46

Die Zuhörer und Zuhörerinnen Jesu fragen sich:
Was meint er mit den Gleichnissen?
Was sollen wir hergeben, was werden wir gewinnen?
Spielt das Gespräch.

? „Dafür würde ich alles tun!“ – „Das will ich unbedingt!“ Erzählt von Situationen, in denen ihr so redet.

Schreibt auf Wortkarten: Das ist für mich wichtig, sehr wichtig, weniger wichtig.
Vergleicht eure Ergebnisse in der Kleingruppe.

Die Bibel erzählt von Fischern, die von Jesus aufgefordert wurden, ihm zu folgen. Lies die Erzählung Markus 1,16–20 in der Schulbibel.

Stellt das Bild nach. Fühlt euch in die Haltung der Personen ein.

Die beiden Fischer, Andreas und Simon, diskutieren: Sollen wir Jesus folgen? Zählt auf: Was spricht dafür, was dagegen?

Am Reich Gottes mitarbeiten

Don Bosco, Freund der Straßenkinder, erzählt

Ich heiße Johannes Bosco und wurde am 16. August 1815 in der Nähe von Turin in Italien geboren. Mein Vater ist früh gestorben. Deshalb musste ich auf unserem Bauernhof hart arbeiten. Aber wenn Markt war, gab es für mich kein Halten mehr. Ich beobachtete die Gaukler. Ich übte so lange, bis ich auch auf dem Seil tanzen konnte.

Später bin ich Priester geworden. Man nannte mich Don Bosco. Eines Tages hatte ich eine Begegnung, die mein ganzes Leben veränderte. In der Sakristei unserer Kirche schlug der Mesner einen verwahrlosten Jungen und jagte ihn davon. Ich befahl: „Hol ihn zurück!" Dann fragte ich den Jungen: „Wer sind deine Eltern, wo wohnst du und wo arbeitest du?" Der Junge schüttelte immer nur den Kopf. Schließlich fragte ich: „Kannst du pfeifen?" Da lachte er zum ersten Mal. Ja, pfeifen konnte er, und wie! Ich nahm den Jungen bei mir auf.

Mit dem Jungen in der Sakristei hat es angefangen. Viele andere arme, obdachlose Jungen kamen bald dazu. Wahrscheinlich war ich für sie der erste Mensch, der sie ernst nahm.

- Lest die Geschichte. Sammelt Informationen, was Don Bosco alles für die Jungen getan hat. Erstellt damit ➤ Lapbooks.
- Auf dem Bild spielt Don Bosco eine Geschichte aus der Bibel vor. Erzählt die Geschichte.
- ? Der Maler des Bildes wurde gefragt, warum er Don Bosco zweimal dargestellt hat. Gib eine Antwort.
- Don Bosco wollte Jesus nachfolgen. Suche Geschichten aus dem Leben Jesu, die sein Handeln bestimmt haben.

Zu Besuch im Seniorenheim

Eine Klasse der Grund- und Mittelschule Benediktbeuern hat ein Seniorenheim besucht und dort einen Spielenachmittag gestaltet.

Ein Schüler berichtet:
„Wir haben uns in Gruppen aufgeteilt und uns zu den Senioren gesetzt. Gemeinsam spielten wir mit ihnen Domino, Quartett und Mensch ärgere dich nicht. Es hat allen großen Spaß gemacht.
Zum Abschied schenkten wir den Senioren selbst gemalte Bilder und Karten mit guten Wünschen. Wir schenkten ihnen auch Spiele, die wir extra groß gebastelt hatten, damit sie alles gut sehen konnten.
Eine Seniorin sagte uns zum Schluss: ‚Wir waren auch alle einmal so jung wie ihr.‘ Sie wünschte uns, dass wir weiterhin so lebendig bleiben.
Das hat uns sehr beeindruckt.
Unsere Lehrerin schlug dann vor, dass wir bis zum Ende des Schuljahres in kleinen Gruppen in das Seniorenheim gehen könnten. Alle in der Klasse fanden das Projekt toll. Wir freuen uns schon wieder auf die Senioren.“

Die Schülerinnen und Schüler spielen gern mit den Senioren. Passt der Bericht des Schülers zur Überschrift auf Seite 48? Diskutiert zu zweit!

Überlegt zusammen mit eurer Lehrerin oder eurem Lehrer, ob auch ihr ein ähnliches ➤ Projekt durchführen könnt.

Nachdenken – mitfühlen – handeln

Kommt und folgt mir nach

T/M: Josef Schwaller

Sucht Beispiele in diesem Kapitel, die zum Lied passen. Begründet eure Wahl.

Erweitert die Bitte „Dein Reich komme" im Vaterunser, zum Beispiel:
Dein Reich komme,
- in dem alle Menschen ...
- in dem niemand ...
- in dem ich erfahren darf ...
- in dem keiner Angst haben muss, dass ...

In der Zeitung oder im Internet findet ihr Beispiele von Menschen, die sich für andere einsetzen. Bringt solche Berichte oder Fotos mit, gestaltet damit eine Collage und stellt eure Ergebnisse vor.

Chagall malt in seinem Bild auf Seite 39 eine helle, frohe Welt. Zeige, inwiefern das Bild sichtbar macht, wie bunt das Leben im Reich Gottes sein kann.

Ich bin gefragt

- Das habe ich verstanden und neu gelernt.
- Das will ich mir aus diesem Kapitel besonders merken.
- Darüber möchte ich weiter nachdenken.

4 Mit Leid und Tod leben lernen

Angst haben – sich sorgen

Leon bleibt auf der Treppe im ersten Stock stehen. Gerade hatte er seiner Mutter das lustige Bild zeigen wollen, das er gemalt hat, als er hört, wie seine Mutter aufgeregt telefoniert: „Ja, gut. Ich habe verstanden. Ich komme so schnell ich kann. Danke. Bis später."

Jetzt steht Mutter wie versteinert im Flur. Was ist geschehen? Mit wem hat sie telefoniert? Wo muss sie hin? Viele Fragen schießen Leon durch den Kopf.

Nun bemerkt Mutter, dass Leon auf der Treppe steht.

„Onkel Martin hat angerufen. Oma ist ins Krankenhaus gebracht worden. Sie hat einen Schlaganfall erlitten. Sie ist gelähmt und kann ihre rechte Seite nicht mehr bewegen. Ich muss möglichst bald zum Krankenhaus fahren."

„Und wir?", fragt Leon.

„Ich rufe Papa an, damit er früher von der Arbeit nach Hause kommt."

Im ersten Moment freut sich Leon, dass Papa früher heimkommt, denn er ist in vielem großzügiger und erlaubt den Kindern mehr als Mama. Aber die Freude ist schnell weg, wenn Leon an Oma denkt. In den nächsten Tagen fährt Mama jeden Nachmittag ins Krankenhaus und bleibt dort bis zum Abend.

Eines Abends ruft Mama vom Krankenhaus aus an. Das hat sie bisher noch nie getan!

„Heute geht es Oma schlechter", sagt Papa. „Sie kann nicht mehr allein essen und kann auch nicht mehr sprechen. Es kann sein, dass sie nie mehr nach Hause kommt."

„Es kann sein, dass Oma nie mehr heimkommt", wiederholt Leon. „Heißt das etwa, dass sie sterben muss?"

„Wir hoffen", antwortet Papa leise, „dass sie noch lange leben wird."

Leon merkt, wie Tränen in ihm aufsteigen, und wirft sich Papa in die Arme. Jetzt weint Leon einfach drauflos.

„Warum ausgerechnet meine liebe Oma?"

Viele Fragen kommen zwischen dem Schluchzen aus ihm heraus. Papa hält Leon einfach nur fest im Arm.

Zeigt mit Musikinstrumenten: Wie verändern sich die Gefühle von Leon im Laufe der Geschichte?

Die Eltern überlegen mit Leon, was er für Oma tun kann. Sammelt Vorschläge für Leon.

Beschreibe das Bild.
Was fällt dir auf?

Was mag das Kind erlebt haben?
Versetze dich in das Mädchen und erzähle: Ich …

Fragen und klagen

Wo sind jetzt all ihre Wünsche, Träume, Freuden?

Warum ist sie gestorben?

Wo ist sie jetzt?

Kann sie mich sehen?

Ist sie jetzt bei Gott?

Was wird aus ihrem Körper?

Warum?

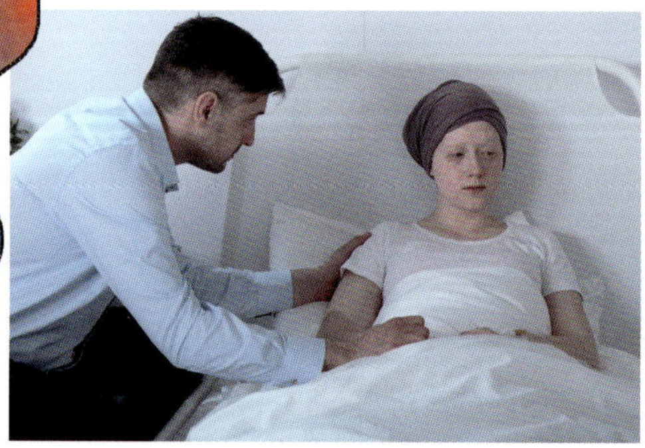

? Wähle eine der Fragen aus, die das Mädchen auf dem Friedhof stellt. Besprecht euch zu zweit und versucht eine Antwort.

Schau dir die drei Bilder an. Wähle eines aus. Lass das Kind oder die Jugendliche sprechen: Ich bin traurig ..., ich habe Angst ..., ich frage mich, warum ...

Menschen, die großes Leid und Unglück erleben, suchen Trost und Hilfe bei anderen Menschen und klagen Gott ihre Situation.

Mein Gott, mein Gott, warum hast du mich verlassen, bleibst fern meiner Rettung, den Worten meines Schreiens?

Psalm 22,2

Wie lange noch, Herr, vergisst du mich ganz? Wie lange noch verbirgst du dein Angesicht vor mir?

Psalm 13,2

Wie lange noch muss ich Sorgen tragen in meiner Seele, Kummer in meinem Herzen Tag für Tag?
Wie lange noch darf mein Feind sich über mich erheben?

Psalm 13,3

Neige dein Ohr mir zu, erlöse mich eilends! Sei mir ein schützender Fels, ein festes Haus, mich zu retten!

Psalm 31,3

Betrachte die Gesichter der Menschen auf dem Bild oben, achte auf die Farben und auf die Richtung ihrer Gesichter. Suche einen Psalmvers aus, der zum Bild passt. Begründe deine Wahl.

Wähle für die Kinder auf den Seiten 52–54 einen Psalmvers aus, den sie beten können.

Hoffen und gerettet werden

Zur Zeit Jesu gab es bösartige und ansteckende Hautkrankheiten, die man Aussatz* nannte. Die Menschen glaubten: Krankheit ist eine Strafe Gottes.

Als Jesus in einer der Städte war, kam ein Mann, der am ganzen Körper Aussatz hatte. Sobald er Jesus sah, warf er sich vor ihm zu Boden und bat ihn:
„Herr, wenn du willst, kannst du machen, dass ich rein werde."
Da streckte Jesus die Hand aus, berührte ihn und sagte:
„Ich will es – werde rein!"
Im gleichen Augenblick verschwand der Aussatz.
Sein Ruf verbreitete sich immer mehr, sodass die Menschen von überall herbeiströmten. Sie alle wollten ihn hören und von ihren Krankheiten geheilt werden.

Nach Lukas 5,12–13.15

- Sich abwenden – sich zuwenden: Zeigt beide Verhaltensweisen in Standbildern.
- Versetze dich in den Aussätzigen und lass ihn erzählen:
  Ich musste meine Familie verlassen … Ich hörte von Jesus … Ich machte mich auf den Weg … Dann bin ich ihm begegnet … Jetzt kann ich wieder …
- „Er hat mich gerettet aus …": Führt dazu ein ➤ Schreibgespräch.

Du hast mein Klagen in Tanzen verwandelt.

Psalm 30,12a

Ich aber sagte in meiner Angst: „Ich bin verstoßen aus deinen Augen.“ Doch du hast mein lautes Flehen gehört, als ich zu dir um Hilfe rief.

Psalm 31,23

Er griff aus der Höhe herab und fasste mich, zog mich heraus aus gewaltigen Wassern.

Psalm 18,17

Er führte mich hinaus ins Weite, er befreite mich.

Psalm 18,20

Herr, du mein Fels und meine Burg und mein Retter; mein Gott, mein Fels, bei dem ich mich berge, mein Schild und Horn meines Heils, meine Zuflucht.

Psalm 18,3

Ich rief, ich schrie zu dir

T/M: Bernhard Bossert nach Psalm 30

Zeichne mit deinem Finger den Weg der Spirale von außen nach innen, von innen nach außen nach. Achte dabei auf die Farben: vom Licht ins Dunkel, vom Dunkel ins Licht. Finde für beide Wege Beispiele auf den Seiten 55 und 57 in den Psalmworten.

Schreibe ein Dankgebet des Aussätzigen. Du kannst dafür die Worte aus den Psalmen nehmen.

Denkt euch zum Lied passende Bewegungen aus und begleitet damit das Lied.

Jesus geht seinen Weg ...

Am Sabbat begegnete Jesus in der Synagoge einem Mann, dessen rechte Hand gelähmt war. Die Schriftgelehrten gaben acht, ob er am Sabbat heilen werde; sie suchten einen Grund zur Anklage gegen ihn. Jesus sagte zu ihnen: Was ist am Sabbat erlaubt: Gutes zu tun oder Böses? Dann heilte er den Gelähmten. Da wurden sie von Wut erfüllt und berieten, was sie gegen Jesus unternehmen könnten.*

Nach Lukas 6,6

Als die Schriftgelehrten sahen, dass er mit Zöllnern und Sündern aß, sagten sie zu seinen Jüngern: „Wie kann er zusammen mit Zöllnern und Sündern essen?“

Nach Markus 2,16

Jesus ging am Sabbat in die Synagoge seiner Heimatstadt Nazaret und las aus der Heiligen Schrift vor. Die Leute staunten und sagten: „Ist das nicht der Sohn Josefs?“ Als Jesus ihnen aber darlegte, dass er der verheißene Retter von Gott sei, gerieten sie in Wut. Sie sprangen auf und trieben Jesus zur Stadt hinaus.

Nach Lukas 4,16–30

- Lest in den Texten, was sich an den Orten zugetragen hat.
- Sucht zu jedem Ort einen Satz, der zeigt, wie Jesus abgelehnt wurde. Zeichnet den Weg von Kafarnaum nach Jerusalem ins Heft. Schreibt die Sätze zu den einzelnen Orten.

... bis zum Tod

Während Jesus vor dem Hohen Rat verhört wurde, saß Petrus mit anderen in der Nähe am Feuer. Eine Magd und zwei andere Personen erkannten Petrus und sagten: „Der war auch bei Jesus.“ Petrus leugnete dreimal: „Ich kenne ihn gar nicht.“ Da wandte sich Jesus um und blickte Petrus an.*

Nach Lukas 22,55–61

Judas, einer der Zwölf, ging zu den Hohepriestern und wollte Jesus an sie ausliefern. Er suchte nach einer günstigen Gelegenheit.

Nach Lukas 22,4–6

Jesus wurde in Jerusalem zu Pilatus gebracht. Pilatus fragte Jesus: „Bist du der König der Juden?“ Jesus antwortete nur: „Du sagst es.“ Pilatus verurteilte Jesus zum Tode und befahl, ihn zu geißeln und zu kreuzigen.

Nach Lukas 23,1–24

Nach der Verurteilung führten sie Jesus zur Hinrichtungsstätte. Dort kreuzigten sie ihn. Einige verlachten und verspotteten ihn.

Nach Lukas 23,33–35

In der neunten Stunde rief Jesus mit lauter Stimme: „Vater, in deine Hände lege ich meinen Geist.“ Dann starb er.

Nach Lukas 23,44–46

In katholischen Kirchen findet ihr die Kreuzwegstationen. Der Kreuzweg beginnt mit der Verurteilung durch Pilatus. Suche in deiner Kirche den Kreuzweg auf. Wähle eine Station aus, die dich besonders anspricht, fotografiere sie und stelle sie der Klasse vor.

Jesus ist auferstanden

Mit der Kreuzigung von Jesus waren zunächst alle Hoffnungen der Jüngerinnen und Jünger zerbrochen. Jesus war tot. Sein Leichnam wurde in ein Felsengrab gelegt. Ein großer Stein verschloss das Grab.

Am ersten Tag der Woche gingen Maria von Magdala, Johanna und Maria, die Mutter des Jakobus, in aller Frühe zum Grab. Sie trugen wohlriechende Salben mit sich, die sie zubereitet hatten. Da sahen sie, dass der Stein vom Grab weggewälzt war; sie gingen hinein, aber den Leichnam Jesu fanden sie nicht.
Während sie ratlos dastanden, traten zwei Männer in leuchtenden Gewändern zu ihnen. Die Frauen erschraken und blickten zu Boden.

Spielt folgende Situationen:
- Die drei Frauen unterhalten sich auf dem Weg zum Grab.
- Sie berichten den Jüngern, was sie erlebt haben.
- Sie sprechen auf dem Nachhauseweg über die Reaktion der Jünger.

Teilt euch in zwei Gruppen auf. Jede Gruppe beschreibt eines der Bilder. Achtet auf die Farben, die Personen, die Formen. Gebt eurem Bild eine passende Überschrift. Sucht in der Erzählung vom leeren Grab nach der Stelle, die dazu passt. Stellt euer Bild der anderen Gruppe vor.

Die Männer aber sagten zu ihnen: „Was sucht ihr den Lebenden bei den Toten? Er ist nicht hier, sondern er ist auferstanden. Erinnert euch an das, was er euch gesagt hat: Der Menschensohn muss den Sündern ausgeliefert und gekreuzigt werden und am dritten Tag auferstehen."

Da erinnerten sie sich an seine Worte. Und sie kehrten vom Grab in die Stadt zurück und berichteten alles den Jüngern. Doch die Jünger hielten das alles für Geschwätz und glaubten ihnen nicht.

Petrus aber stand auf und lief zum Grab. Er beugte sich vor, sah aber nur die Leinenbinden dort liegen. Dann ging er nach Hause, voll Verwunderung über das, was geschehen war.

Nach Lukas 24,1–12

Die Auferstehung Jesu – eine Hoffnung für Christen

Die Oma von Leon ist gestorben. Die Eltern, Leon und seine Schwester Pia sind sehr traurig, weil Oma nicht mehr bei ihnen ist. Sie weinen und erinnern sich an die gemeinsame Zeit. Sie erzählen einander, was sie alles mit Oma erlebt haben. Sie schauen sich die Bilder im Fotoalbum an und trösten einander.

Wer an mich glaubt, wird leben, auch wenn er stirbt.
Johannes 11,26

In Liebe und Dankbarkeit nehmen wir Abschied von unserer Mutter und unserer geliebten Oma

Hedwig Stauber
*26.4.1930 † 17.7.2017

In tiefer Trauer
Martin Stauber mit Familie
Monika und Peter Halder
Leon und Pia

Der Trauergottesdienst findet am Freitag, den 21. Juli, in der Pfarrkirche St. Andreas statt. Anschließend wird unsere Verstorbene auf dem Waldfriedhof beerdigt.

Schaut die Todesanzeige an. Findet darauf Zeichen und Worte der Hoffnung.

Leon hat im Gottesdienst den Text aus dem Paulusbrief an die Thessalonicher gehört (siehe Seite 63). Er fragt seine Eltern: „Darf ich nicht mehr traurig sein, weil Oma gestorben ist?“ – Sucht nach Antworten für Leon.

Leon fragt sich, weshalb im Trauergottesdienst die Osterkerze brennt und am Ende ein Osterlied gesungen wird. Sucht Gründe dafür.

Im Lied finden sich Bilder für den Tod und für das Leben. Schreibt die Bilder für den Tod und die Bilder für das Leben auf. Sucht Farben dafür und umrahmt die Wörter damit.

? Leon und Pia fragen am Abend die Eltern: „Wo ist Oma jetzt? Werden wir sie wiedersehen?“ Sammelt in der Gruppe, welche Antworten ihr geben würdet.

Brüder und Schwestern,
trauert nicht wie die anderen,
die keine Hoffnung haben.
Wir glauben daran,
dass Jesus Christus
gestorben und auferstanden ist.
So wird Gott auch die Verstorbenen
zur Herrlichkeit führen.
Tröstet also einander
mit diesen Worten.

Nach 1 Thessalonicher 4,13–14.18

T/M: Gerhard Hany

2. Mitten in der Nacht blüht der Glaube.
Mitten in der Nacht beginnt der neue Tag.
Vertrauen wird ganz neu,
die Dunkelheit wird Licht.
Wir werden auferstehn.

3. Mitten in der Nacht blüht die Liebe.
Mitten in der Nacht beginnt der neue Tag.
Er nimmt dich an der Hand,
du bist nicht mehr allein.
Wir werden auferstehn.

Himmel

Kann es sein, dass hinter weißen Wolkenschleiern
Ein Himmel ist, wohin es jeden nach dem Tode zieht
Wo Heckenvögel zwitschern, wo an kühlen Weihern
Und Wassern, die sanft rauschen, die Butterblume blüht?

Kann es sein, dass dort die Toten einfach wieder weiterleben?
Und stimmt es denn, was Opa sagt: dass Oma da jetzt ist?
Wird Oma viel für Bäche und für Butterblumen geben?
Und spürt sie in den Wolken wohl, wie jeder sie vermisst?

Was soll sie da? Was tut sie da? Was hat sie da verloren?
Sie las den ganzen Tag, doch gibt es Lesen nach dem Tod?
Macht sie in die Himmelsbücher dort auch immer Eselsohren?
Sind alle nackig dort? Oder gehüllt in Gold und Rosarot?

Und dann, wenn Opa einmal stirbt, sieht er sie dann wieder?
Doch Opa stirbt bestimmt noch nicht, er ist gesund wie nie.
Munter wie seit Langem nicht mehr regt er seine Glieder.
Erst neulich zum Geburtstag gab's für ihn ein neues Knie.

Bette Westera

Leon erzählt in seiner Klasse von der Beerdigung seiner Oma. Es entsteht ein lebhaftes Gespräch: Wo ist Oma jetzt? Wo gehen die Toten hin?

Sarah: „Wenn man tot ist, kommt man in den Himmel und dann tut nichts mehr weh."

Felix: „Man schaut auf die Erde herab."

Timo: „Man liegt dann einfach im Grab."

Leon: „Man ist dann im Herzen von Menschen, die man geliebt hat."

Mia: „Nach dem Tod gehen die Menschen durch ein Tor und sind dann im Himmel."

Philipp: „Gibt es auch in der Bibel eine Antwort auf diese Fragen?"

Paulus schreibt: „Was kein Auge gesehen und kein Ohr gehört hat, was in keines Menschen Herz gedrungen ist, das hat Gott denen bereitet, die ihn lieben."

Nach 1 Korinther 2,9

Johannes sieht den Himmel so: „Gott wird bei ihnen sein. Er wird alle Tränen von ihren Augen abwischen: Der Tod wird nicht mehr sein, keine Trauer, keine Klage, keine Mühsal."

Offenbarung 21,3–4

Jesus sagt zu seinen Jüngern: „Im Haus meines Vaters gibt es viele Wohnungen. Wenn ich einen Platz für euch vorbereitet habe, werde ich euch zu mir holen, damit auch ihr dort seid, wo ich bin."

Nach Johannes 14,2–3

- Lest die Strophen des Gedichtes auf Seite 64 vor. Versucht mit Farben die Stimmung des Gedichtes wiederzugeben.
- Spielt in einer Pantomime vor, was ihr am liebsten im Himmel tun würdet, und lasst raten!
- ? Schreibe in eine Sprechblase: So stelle ich mir das Leben nach dem Tod vor. Sammelt eure Sprechblasen um eine Mitte. Betrachtet sie. Warum gibt es so viele verschiedene Vorstellungen? Diskutiert.
- Teilt euch in drei Gruppen auf. Jede Gruppe wählt eine Bibelstelle aus. Sprecht über diese Bibelstelle. Welche Aussage spricht euch an? Schreibt sie auf ein Kärtchen. Gestaltet mit den Kärtchen und den Sprechblasen ein Bodenbild.
- Schreibe ein ➤ Rondell-Gedicht zu „Himmel" in dein Ich-Buch.

Nachdenken – mitfühlen – handeln

Die Eltern von Leon haben als Sterbebild für Oma ein Bild von Käthe Kollwitz ausgewählt.

- Schaut euch das Bild eine Weile an und lasst es auf euch wirken. Findet Wörter, die zu dem Bild passen.
- Entwerft einen Grabstein für Leons Oma. Stellt einander eure Ergebnisse in einem Museumsgang vor.
- Schau das Bild auf Seite 51 an. Vor dem Vorhang hat ein Mensch seine Schuhe abgestellt. Welche Fragen stellen sich dir? Suche im Kapitel nach Antworten. Welche Fragen bleiben offen? Schreibe sie auf.
- Vorschlag für ein ➤ Projekt: Besucht einen Friedhof, zeichnet oder fotografiert Symbole* und Inschriften, die ihr auf Grabsteinen findet. Deutet sie gemeinsam.

Ich bin gefragt

- Das habe ich verstanden und neu gelernt.
- Das will ich mir aus diesem Kapitel besonders merken.
- Darüber möchte ich weiter nachdenken.

5 Christ sein – im Austausch mit anderen

Christ sein – katholisch oder evangelisch

? Fragt die evangelischen Schülerinnen und Schüler: Was macht ihr gerade im Religionsunterricht?

Vergleicht die Themen in eurem Religionsbuch mit dem evangelischen Religionsbuch. Stellt einander vor, was ihr entdeckt.

„Das ist typisch katholisch" – „Das ist typisch evangelisch": Schreibt auf Wortkarten, was euch dazu einfällt. Legt diese Wortkarten zu „katholisch" oder zu „evangelisch". Vergleicht: Was ist verschieden, was ist gleich an den Konfessionen*?

Erkundigt euch, welche Kirchen es in eurer Nähe gibt. Tragt die Kirchen mit ihrem Namen in einen Ortsplan ein.

Unterschiede wahrnehmen –

Findet heraus, welche der beiden Kirchen die katholische, welche die evangelische ist.

? Vergleicht: Was haben beide Kirchen gemeinsam und was unterscheidet sie?

in den Kirchenräumen

Besucht eine Kirche in eurer Nähe. Woran erkennt ihr, ob es eine katholische oder evangelische Kirche ist? Begründet eure Entscheidung.

Unterschiede wahrnehmen –

Aus dem Fotobuch von Lena:

Beschreibt, was ihr auf den Bildern seht.

Erzählt einander, was ihr kennt und was ihr selbst schon erlebt habt.

im Leben der Christen

Aus dem Fotobuch von Sven:

Erklärt evangelischen Schülerinnen und Schülern die Bilder aus Lenas Fotobuch.

Sprecht mit ihnen über die Bilder von Svens Fotobuch.

Martin Luther – der Beginn einer Trennung

Der junge Martin Luther als Mönch

Die Trennung in evangelische und katholische Christen liegt weit zurück. Sie beginnt mit Martin Luther. Er lebte vor über 500 Jahren im heutigen Thüringen.

Martin Luther wird am 10. November 1483 in Eisleben geboren. Seine Eltern sind fromme Christen. Sie erziehen ihn sehr streng. Damals glaubten die Menschen fest, dass Gott sie hart bestrafen wird, wenn sie sich nicht an die Gebote halten. Schon als Kind sieht Martin in Gott daher einen strengen Richter. Er hat Angst, zu wenig fromm zu sein und deshalb von ihm nicht geliebt zu werden.

Martin beginnt zu studieren und tritt in Erfurt in ein Kloster* ein. Als Mönch lebt er in Armut. Er muss seinen Vorgesetzten gehorchen und verzichtet auf eine eigene Familie, um nur für Gott da zu sein.
Seine Angst bleibt: „Bin ich fromm genug? Bete ich genügend? Faste ich lange genug? Reichen meine guten Werke aus, damit Gott mit mir zufrieden ist?“

Martin Luther wird Professor der Theologie*. Als er die Bibel studiert, findet er im Brief des Apostels Paulus an die Römer eine Stelle, die für ihn wie eine

Befreiung ist. Er versteht plötzlich: „Ich bin schon immer von Gott angenommen und geliebt. Ich vertraue auf ihn. Ich brauche Gottes Liebe nicht erst durch gute Taten zu verdienen.“

Luther schreibt 95 Thesen*. Man erzählt, dass er am 31. Oktober 1517 diese Thesen an der Schlosskirche in Wittenberg angeschlagen hat. In ihnen kritisiert er Missstände in der Kirche und lässt allein die Bibel gelten. Auf dem Reichstag in Worms kommt es zur Auseinandersetzung mit Bischöfen, dem Papst und auch dem Kaiser. Luther wird aus der Kirche ausgeschlossen.

Er muss fliehen und findet auf der Wartburg in Thüringen Zuflucht. Dort tarnt er sich als Edelmann. In dieser Zeit übersetzt er das Neue Testament aus dem Griechischen und später das Alte Testament aus dem Hebräischen ins Deutsche. Nun können die Christen die Bibel in deutscher Sprache lesen und besser verstehen.

Viele Christen schließen sich Luthers Lehre an. Bald trennte sich Martin Luther mit seinen Anhängern von der katholischen Kirche.

Für lange Zeit gingen sich evangelische und katholische Christen aus dem Weg, manchmal begegneten sie sich sogar feindselig. Heute entdecken sie viel Gemeinsames und gehen aufeinander zu.

Im Jahr 2017 feierten evangelische Christen 500 Jahre Reformation.*

Schreibe auf Gedankenblasen: Davor hat Martin Luther Angst. Lege sie um das Bild von Luther auf Seite 74. Schreibe in anderer Farbe auf ein Kärtchen: Das hat er im Brief an die Römer entdeckt. Lege es unter das Bild.

Am 31. Oktober feiern evangelische Christen das Reformationsfest. Begründe, warum dieser Tag für sie wichtig ist.

Ladet die evangelische Religionsgruppe in den Religionsunterricht ein und stellt einander vor, was ihr über Martin Luther wisst.

Ökumene – Gemeinsamkeiten entdecken

So bekennen evangelische Christen:

Ich glaube an Gott,
den Vater, den Allmächtigen,
den Schöpfer des Himmels und der Erde,
und an Jesus Christus,
seinen eingeborenen Sohn, unsern Herrn,
empfangen durch den Heiligen Geist,
geboren von der Jungfrau Maria,
gelitten unter Pontius Pilatus,
gekreuzigt, gestorben und begraben,
hinabgestiegen in das Reich des Todes,
am dritten Tage auferstanden von den Toten,
aufgefahren in den Himmel,
er sitzt zur Rechten Gottes,
des allmächtigen Vaters,
von dort wird er kommen
zu richten die Lebenden und die Toten.
Ich glaube an den Heiligen Geist,
die heilige christliche Kirche,
Gemeinschaft der Heiligen,
Vergebung der Sünden,
Auferstehung der Toten
und das ewige Leben.
Amen.

So bekennen katholische Christen:

Ich glaube an Gott,
den Vater, den Allmächtigen,
den Schöpfer des Himmels und der Erde,
und an Jesus Christus,
seinen eingeborenen Sohn, unsern Herrn,
empfangen durch den Heiligen Geist,
geboren von der Jungfrau Maria,
gelitten unter Pontius Pilatus,
gekreuzigt, gestorben und begraben,
hinabgestiegen in das Reich des Todes,
am dritten Tage auferstanden von den Toten,
aufgefahren in den Himmel,
er sitzt zur Rechten Gottes,
des allmächtigen Vaters,
von dort wird er kommen
zu richten die Lebenden und die Toten.
Ich glaube an den Heiligen Geist,
die heilige katholische Kirche,
Gemeinschaft der Heiligen,
Vergebung der Sünden,
Auferstehung der Toten
und das ewige Leben.
Amen.

Gotteslob 487 / Evangelisches Gesangbuch 265

T: Georg Thurmair / M: Johann Crüger nach Loys Bourgeois

- Sucht Überschriften zu den einzelnen Texten, den Fotos und dem Lied. Schreibt sie auf Kärtchen.
- Notiert weitere Gemeinsamkeiten von katholischen und evangelischen Christen ebenfalls auf Kärtchen.
- Ordnet die Kärtchen nach Wichtigkeit. Das Wichtigste legt ihr in die Mitte.
- Bittet die evangelische Religionsgruppe, die gleichen Aufgaben zu bearbeiten, und vergleicht dann.

Ökumene – miteinander Christ sein

Die evangelische und die katholische Religionsgruppe beschäftigen sich mit dem Thema Ökumene* in ihrer Umgebung. Sie haben dazu einiges gefunden.

- Deutet die einzelnen Elemente bei dem Symbol* für Ökumene. Was können das Schiff mit dem Kreuz oder die Wellen bedeuten?
- Erkundigt euch über die Projekte der Gruppe auf Seite 79, zum Beispiel die Telefonseelsorge*.
- Teilt euch in Kleingruppen auf und sucht eigene Beispiele von ökumenischen Projekten in eurer Umgebung. Präsentiert eure Ergebnisse auf einer Stellwand.

Ökumenische Projekte in unseren Gemeinden
Herzliche Einladung zu unserer Frühschicht
Mittwoch, um 7.30 Uhr
in unserem neuen Meditationsraum. Wir freuen uns auf dich!
Die katholischen und evangelischen Schüler/innen der vierten Klassen
Kinderbibeltag, am 22.10., ab 10 Uhr
Die Gemeinde der Erlöserkirche und die Pfarrei St. Andreas laden alle Kinder im Alter von 6–10 Jahren zum Kinderbibeltag ein.
Thema: Jona läuft davon
TelefonSeelsorge
Anonym. Kompetent. Rund um die Uhr.
Ökumenische Sozialstation
Krankenpflege
Altenpflege
Betreutes Wohnen
Soziale Beratung
Ökumenischer Kinderchor von 14–15.30 Uhr
Kinder- und Jugendtelefon
116111
NummergegenKummer
Gemeindebrief
BIBEL
A
Ω
TAUFE
Lieder

Ökumene – miteinander feiern

Plant gemeinsam mit der evangelischen Religionsgruppe einen Gottesdienst am Ende eurer Grundschulzeit. Hier findet ihr einige Anregungen:

Eine Gruppe

malt oder schreibt auf Plakate, was für sie in ihrer Grundschulzeit wichtig war, und stellt ihre Ergebnisse im Gottesdienst vor.

Die zweite Gruppe

entwirft ein Rollenspiel zum ausgewählten Evangelium.

Die dritte Gruppe

überlegt: Wofür wollen wir danken?
Ihr könnt so beginnen: Gott, wir danken für …

Danket, danket dem Herrn

T: nach Psalm 107,1 / M: 18. Jahrhundert

Eine vierte Gruppe

stellt die Fürbitten zusammen:
Wir bitten für ...
Wir bitten, dass ...

Die fünfte Gruppe

sucht Lieder aus, die zum Thema des Gottesdienstes passen und die alle Kinder gerne singen.

Die sechste Gruppe

bereitet das anschließende Fest vor, schmückt den Raum, überlegt, was es zu essen und zu trinken gibt, denkt an Spiele und an Tanz, schreibt Einladungskarten ...

Neben dem Schuljahresabschluss gibt es noch viele Anlässe und Feste im Kirchenjahr, zu denen ein Schulgottesdienst gefeiert werden kann.
Wählt ein Fest aus und bereitet gemeinsam einen Gottesdienst vor.

Ihr könnt auch mit den evangelischen Schülerinnen und Schülern einen ➤ Projekttag als „Tag des Friedens“ oder als „Tag der Schöpfung“ gestalten und diesen mit einem ökumenischen Frühstück beginnen.

Nachdenken – mitfühlen – handeln

Paul Klee nennt sein Bild auf Seite 67 „Bunte Gruppe“.

- Beschreibt das Bild, achtet besonders auf die Farben und die verschiedenen Personen auf dem Bild.
- Untersucht, mit welchen Mitteln die Gruppe zusammengehalten wird.
- Bildet in Standbildern „bunte Gruppen“.
- Sucht, auf welchen Seiten in diesem Kapitel sich „bunte Gruppen“ finden.

? Teilt euch in Kleingruppen auf und stellt euch die Frage zum Bild: Was haben Sven und Lena gemeinsam? Tragt eure Ergebnisse zusammen und diskutiert darüber.

Ich bin gefragt

- Das habe ich verstanden und neu gelernt.
- Das will ich mir aus diesem Kapitel besonders merken.
- Darüber möchte ich noch weiter nachdenken.

6 Menschen anderer Religionen begegnen

Über Gott und die Welt nachdenken

Für Jesus ist jeder Mensch wertvoll. Er hat uns deshalb aufgefordert, dass wir die anderen wie uns selbst lieben sollen.

Claudia

Christen glauben, dass sie wie Jesus von Gott auferweckt werden, wenn sie gestorben sind.

Bianca

- Betrachtet die Fragen und sammelt weitere auf einem Plakat.
- Wähle eine Frage von dieser Seite oder dem Plakat aus. Beantworte sie zunächst alleine, diskutiere dann deine Antwort mit den anderen, die die gleiche Frage ausgewählt haben. Stellt eure Ergebnisse in der Klasse vor.

Ich glaube nicht an Gott. Aber ich denke manchmal darüber nach, woher eigentlich alles kommt und was im Leben wichtig ist.

Jan

Ich glaube, dass es im Leben wichtig ist, sich Gott ganz hinzugeben. Deshalb bete ich oft mit meinen Eltern zu Allah.*

Aylin

In der Tora habe ich gelesen, dass Gott Menschen rettet und befreit, die unterdrückt wurden. Deshalb hoffe ich auf Gott, wenn ich von Kriegen in der Welt höre.

Samuel

? Claudia und Bianca, Aylin und Samuel entdecken für manche Fragen Antworten in ihrer Religion. Findet heraus, zu welcher Religion sie gehören.

? Untersucht, wie euch diese Antworten bei euren Fragen weiterhelfen. Die Religion von Aylin wird auf den folgenden Seiten vorgestellt.

Diskutiert die Antwort von Jan.

Muslime glauben an Allah …

Claudia und Aylin sind Freundinnen. In der Schule sitzen sie nebeneinander und unternehmen in ihrer Freizeit viel zusammen. Vor Kurzem hat Aylins Familie die Geburt des kleinen Bruders Achmed gefeiert und dazu auch Claudia und ihre Eltern eingeladen.

Als Claudia mit ihren Eltern die Wohnung betritt, fällt ihr auf, dass Aylins Mutter und ihre Tanten Kopftücher tragen. Aylin sagt: „Viele Frauen tragen bei uns auf der Straße und wenn Gäste da sind ein Kopftuch."

Da Claudia kein Türkisch versteht, erklärt Aylin ihr alles. „Kurz nach der Geburt hat mein Vater meinem kleinen Bruder Achmed den Gebetsruf Allahu akbar, das heißt: Gott ist größer, ins rechte Ohr und unser Glaubensbekenntnis ins linke Ohr geflüstert. So wird er in die Gemeinschaft der Muslime* aufgenommen. Heute ist nun der Imam*, der Gemeindevorsteher, gekommen." „Warum dreht er Achmed jetzt von euch weg?", möchte Claudia wissen.

„In dieser Richtung liegt Mekka*. Immer wenn wir beten, drehen wir uns in Richtung unserer heiligen Stadt Mekka. Nun spricht der Imam einige Verse aus dem Koran*."

„Das war jetzt aber nicht türkisch!", flüstert Claudia.

„Nein, das war arabisch. Der Koran ist in Arabisch aufgeschrieben worden. Jeder Muslim soll deshalb auch Texte aus dem Koran auf Arabisch auswendig lernen. Das ist gar nicht so einfach!"

Während des gemeinsamen Betens wagt Claudia nicht mehr weiterzufragen und wartet lieber, bis Aylins Tanten das Festessen auftragen, das sie vorbereitet haben.

- Sammelt in einer Mindmap, was ihr schon über die Religion der Muslime, den Islam, wisst.
- Gestaltet ein großes Fragezeichen und schreibt eure Fragen zum Islam hinein.
- ? Vergleicht: Wie wird man Muslim, wie wird man Christ?
- Im Text kommen viele unbekannte Wörter vor. Schreibt sie auf Kärtchen, sucht Erklärungen im Lexikon und notiert diese auf der Rückseite.

„Aylin, war das jetzt auch alles arabisch, was ihr da gebetet habt?“
„Ja, wir haben den Gebetsruf, unser Glaubensbekenntnis und einige Koranverse gebetet. Da kam auch oft das arabische Wort Allah* vor. Das bedeutet Gott.“
„Du kannst euer Glaubensbekenntnis auch auf Arabisch beten?“, staunt Claudia.
„Unser Glaubensbekenntnis ist uns sehr wichtig, wir beten es fünfmal am Tag auf Arabisch. Es wird, genauso wie der Name Gottes, oft in besonders schöner Schrift geschrieben. Wir schmücken damit unsere Wohnung, aber auch unsere Gebetsräume, die Moscheen*.“

Die Namenszüge Allahs (oben) und seines Propheten (unten) sind in den Buchstaben mit Koranversen beschriftet.
Weil im Islam Gott nicht bildlich dargestellt werden darf, verwenden Muslime kunstvolle Schmuckschriften. Gebetsräume sind oft reich damit verziert.

la ’ilaha ’illa llah
muhammadan rasulu llah

„Es gibt keinen Gott außer Gott, Muhammad ist der Gesandte Gottes.“

? Das Glaubensbekenntnis der Muslime ist sehr kurz. Besprecht: Welchen Teil dieses Glaubensbekenntnisses können auch Christen sprechen?

Schreibt den Anfang des christlichen Glaubensbekenntnisses in Schmuckschrift in euer Heft oder in euer Ich-Buch und verziert es.

... leben nach dem Koran

Das heilige Buch

So sehen Seiten aus einem Koran aus.

Aylins älterer Bruder Cem will Claudia etwas zeigen. Er wäscht sich die Hände und holt aus dem Regal ein Buch, das sorgfältig in ein Tuch eingeschlagen ist. Er wickelt es aus und legt es auf einen schön verzierten Holzständer. „Das ist unser heiliges Buch, der Koran*. Wir glauben, dass im Koran alles so steht, wie es Gott an Muhammad verkündet hat. Der Koran sagt uns, wie wir leben, beten und fasten sollen, damit es Allah* gefällt. Es gibt aber auch viele Geschichten über frühere Propheten. Viele davon kennt ihr Christen auch, zum Beispiel von Ibrahim, Nuh oder Musa. Ihr nennt sie Abraham, Noah und Mose. Auch Jesus kommt im Koran vor, wir nennen ihn Isa. Koran ist ein arabisches Wort und bedeutet Lesung. Der Koran hat 114 Kapitel, die man Suren nennt. Jede Sure ist wiederum in Verse eingeteilt."

Schreibt die Wörter „Koran", „Sure", „Muhammad" und die Prophetennamen „Ibrahim", „Nuh", „Musa", „Maria" und „Isa" auf Kärtchen. Schreibt auf die Rückseite die Erklärung, wer oder was damit gemeint ist. Legt sie dann zu den Kärtchen von Seite 86 für ein Wissensspiel.

Cem geht sorgfältig mit dem Koran um. Er zeigt damit Claudia ohne Worte, welche Bedeutung der Koran für ihn besitzt. Beschreibt, wie Christen mit ihrer Heiligen Schrift umgehen, besonders im Gottesdienst.

Der wichtigste Prophet

Claudia will wissen, wer Muhammad ist. Da erklärt Cem:
„Muhammad lebte vor ungefähr 1400 Jahren in der Stadt Mekka* in Arabien. Als er 40 Jahre alt war, erschien ihm in einer Höhle der Engel Gabriel und übermittelte ihm Botschaften von Gott. So wurde Muhammad der wichtigste Prophet Allahs. Damals verehrten die Leute in Mekka verschiedene Götter. Muhammad aber verkündete ihnen: Es gibt nur einen Gott! Da trieben sie ihn aus der Stadt. Viele Jahre später konnte Muhammad in seine Heimatstadt Mekka zurückkehren. Von da an erlaubte er nur noch die Verehrung Allahs, des einzigen Gottes.
Übrigens, nächste Woche bricht unser Nachbar nach Mekka auf. Einmal im Leben sollen Muslime* in die Stadt Mekka pilgern und betend die Kaaba* umschreiten. Ich bin gespannt, was unser Nachbar uns zu erzählen hat.“

Der Engel Gabriel erscheint Muhammad und bringt ihm Gottes Wort.

Schreibt die neuen Wörter „Muhammad“, „Kaaba“, „Mekka“ auch auf Kärtchen für das Wissensspiel.

? Muhammad hört die Botschaft des Engels. Wie zeigt der Maler, dass Muhammad aufmerksam hört?

Auch katholische Christen kennen Wallfahrten zu besonderen Orten. Erkundigt euch bei euren Eltern, Großeltern oder im Internet.

… beten zu Allah

Cem zeigt, wie er sich auf das Gebet vorbereitet:

Zuerst wasche ich meine Hände und Arme.

Ich spüle Mund und Nase kurz aus.

Ich wasche das Gesicht, die Ohren und streiche etwas Wasser über den Kopf.

Zum Schluss wasche ich meine Füße.

Moschee in Bergisch Gladbach: von außen …

Vater Ibrahim nimmt Aylin und Claudia mit in die Moschee*: „Hier in Deutschland befindet sich unser Gebetsraum oft in einem einfachen Haus, aber in der Türkei sind unsere Moscheen prachtvolle Bauten mit kostbaren Verzierungen und vor allem mit einem Minarett. Das ist ein hoher Turm, von dem aus der Muezzin* zu den Gebetszeiten ruft. Denn es gehört zu den Pflichten von Muslimen*, fünfmal am Tag zu beten." Im Vorraum fällt Claudia ein hohes Regal mit Schuhen auf. „Die Moschee betritt man ohne Schuhe. Wir verrichten unsere Gebete nicht auf blankem Boden, sondern immer auf einem Gebetsteppich." Aylin ergänzt: „Damit wir rein vor Gott treten, waschen wir uns vor dem Beten die Arme, Hände, Gesicht und die Füße."

Nun kommen sie in den Gebetsraum. Jetzt übernimmt der Vater die Führung: „Die Nische in der Mitte heißt Mihrab. Sie

und von innen

zeigt uns, in welcher Richtung Mekka* liegt. Dorthin sollen wir beim Beten schauen, deshalb sind auch die Gebetsteppiche so ausgerichtet. Hier an der Seite ist die Predigtkanzel mit einer Treppe. Sie wird Minbar genannt. Von dort aus predigt der Imam* nur beim Freitagsgebet. Der Imam leitet die Gottesdienste oder kommt zu besonderen Anlässen in die Familie." In der Moschee erklingt plötzlich der Gebetsruf über einen Lautsprecher. „Gleich ist Mittagsgebet. Dazu unterbrechen Muslime ihre Arbeit, einige kommen auch hierher in den Gebetsraum zum gemeinsamen Gebet."

So betet Cem:

Allahu akbar –
Gott ist
größer!

Ich wende mich an den,
der Himmel und
Erde erschaffen hat.

Gepriesen sei Gott,
der Erhabene.

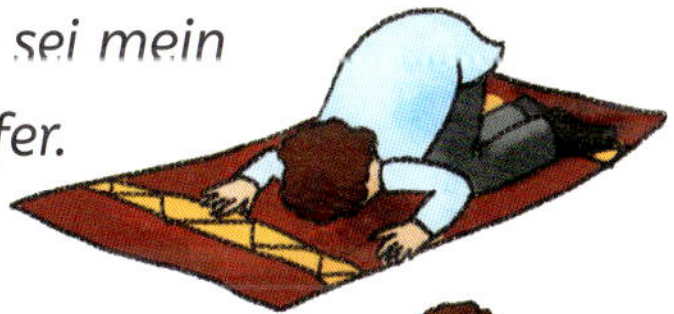

Allahu akbar – Gott ist
größer. Gepriesen sei mein
Schöpfer und Helfer.

O Allah, verzeih mir die*
Sünden und leite mich
auf dem rechten Weg.

Sammelt auf Kärtchen die Wörter, die mit dem Gebet der Muslime zusammenhängen: „Moschee", „Mihrab", „Minbar", „Freitags-gebet", „Imam", „Minarett". Erklärt ihre Bedeutung auf der Rückseite und legt sie zu den übrigen Kärtchen.

Lest, was Cem betet.
Betrachtet die Gebetshaltungen dazu.
Beschreibt und deutet sie.

Auch die Christen kennen verschiedene Gebetshaltungen. Welche kennt ihr?
Beschreibt und deutet sie.

… fasten und feiern

Mutter Fatma erzählt:
„Jedes Jahr fasten wir Muslime* einen ganzen Monat lang. Dieser Fastenmonat heißt Ramadan*. In dieser Zeit essen und trinken wir Erwachsenen erst, wenn die Sonne untergegangen ist. Gefrühstückt wird, bevor die Sonne aufgeht, während des Tages wird gefastet. Durch das Fasten sollen wir dankbar werden für das tägliche Essen, deshalb beten wir:

O Allah, ich habe heute gefastet.
Ich esse jetzt von der Nahrung,
die du uns gibst.

Gebet vor dem Fastenbrechen

Kinder sind nicht verpflichtet zu fasten. Aber sie können zum Beispiel auf Süßigkeiten verzichten. In den islamischen Ländern verkünden Böllerschüsse am Abend den Zeitpunkt, ab dem wieder gegessen werden darf.

Beim abendlichen Fastenbrechen

Beim Fasten sollen wir aber auch an die Armen denken. Deshalb geben wir am Ende des Ramadan Zakat*, also eine Abgabe für die Armen. Fasten und Zakat geben gehören zu den Pflichten eines jeden Gläubigen. Darüber hinaus versuchen wir, im Fastenmonat zu niemandem böse zu sein und uns mit allen zu versöhnen, mit denen wir Streit haben. Das fällt manchmal ganz schön schwer!

- Ramadan, Zakat, Bayramfest – ergänzt eure Kärtchen.
- Sammelt, was ihr über die Fastenzeit der Christen wisst.
- ? Muslime sagen: Wir fasten, weil …
  Christen sagen: Wir fasten, weil …
  Vergleicht: Gibt es Gemeinsamkeiten und Unterschiede?
- Erkundigt euch bei euren muslimischen Mitschülerinnen und Mitschülern nach dem Termin des Bayramfestes und schreibt ihnen eine Glückwunschkarte.

Am Ende des Ramadan in der Moschee

Die fünf Pflichten des Islams

Eines unserer größten Feste ist das Fest des Fastenbrechens am Ende des Ramadan*. Es wird auch Bayramfest oder Zuckerfest genannt und dauert drei Tage. Am ersten Tag geht unsere ganze Familie in die Moschee* zu einem feierlichen Gottesdienst. Anschließend wird zu Hause festlich gegessen. Ich bin schon Tage vorher damit beschäftigt, die köstlichsten Speisen zu kochen, denn gerade zum Bayramfest gibt es viele spezielle Gerichte. Die Kinder werden, ähnlich wie bei euch zu Weihnachten, besonders mit Süßigkeiten und Spielsachen beschenkt. An den anderen Tagen besuchen wir Freunde und Verwandte."

Auf den Seiten 86–93 habt ihr die Religion der Muslime kennengelernt. Die fünf Finger der Hand erinnern die Muslime an ihre fünf Pflichten. Malt in euer Heft eine Hand oder fünf Säulen und schreibt die fünf Pflichten hinein.

Aylin fragt: „Wie ist das bei euch Christen? Welche Pflichten habt ihr?" Überlegt zu zweit, was ihr Aylin antworten könnt.

Ladet einen Vertreter einer muslimischen Gemeinde in den Unterricht ein. Bereitet Fragen dafür vor.

Muslime und Christen

Claudia sagt zu ihrer Freundin Aylin: „Ich habe jetzt schon viel von deiner Religion kennengelernt. Aber eine Frage habe ich noch: In den Nachrichten höre ich immer wieder von Anschlägen, die im Namen Allahs* verübt werden."

Aylin widerspricht ihr entschieden: „Diese Anschläge haben mit unserer Religion nichts zu tun. Im Gegenteil. Wenn wir uns begegnen, grüßen wir uns mit *Assalamu alaikum,* das heißt: Der Friede Allahs sei mit dir."

Assalamu alaikum

Unser Imam* betont immer wieder, dass der Islam eine Religion des Friedens ist. In der Sure 10 heißt es:

> *Und Allah lädt ein zum Haus des Friedens und leitet, wen ER will, zum geraden Weg.*
>
> Sure 10,25

Claudia denkt nach, ob der Friede in ihrer Religion auch eine wichtige Rolle spielt. Ihr fällt ein, dass sich in jeder Eucharistiefeier die Menschen die Hand reichen und dem anderen wünschen: „Der Friede sei mit dir." Sie erinnert sich, dass Jesus die Menschen aufgefordert hat, sie sollen Gewalt nicht mit Gewalt erwidern. In der Bergpredigt hat er gesagt: „Selig, die Frieden stiften."

? Menschen haben unterschiedliche Ansichten und Glaubensüberzeugungen, die zu Konflikten führen können. Überlegt, wie sich Muslime* und Christen trotzdem für Frieden einsetzen können. Sammelt Vorschläge.

Gemeinsamkeiten entdecken

Claudia hat in diesem Religionsbuch (auf Seite 16/17) die Schöpfungserzählung aus der Bibel gelesen. Am Nachmittag fragt sie Aylin: „Steht im Koran* auch etwas über die Entstehung der Welt?“ Aylin zeigt ihr im Koran eine Sure, in der steht: *„Allah ist es, der die Himmel und die Erde geschaffen hat und Wasser vom Himmel herabsendet, um damit Früchte zu eurer Nahrung hervorzubringen.“ (Sure 14,32)*

„Und warum steht das im Koran nicht auch am Anfang?“, fragt Claudia. „Am Anfang des Korans steht unser wichtigstes Gebet. Wir nennen es „Die Eröffnende“, weil es die erste Sure ist“, erklärt Aylin. Claudia sagt: „Unser wichtigstes Gebet ist das Vaterunser.“

? Schreibt das Vaterunser in euer Heft. Vergleicht die beiden Gebete:

- Worum bitten Christen im Vaterunser und Muslime in der Sure 1?
- Wofür loben Christen und Muslime ihren Gott?

Nennt Gründe, warum sich Christen und Muslime für die Erhaltung der Schöpfung einsetzen sollen. Benutzt dazu die Seiten 20/21, 105 und 109.

Stellt zusammen, was Christen und Muslime für die Bewahrung der Schöpfung tun können. Gestaltet dazu ein Bodenbild oder ein ➤ Lernplakat.

Die Eröffnende

Im Namen Gottes, des Gnädigen
und Barmherzigen.
Gelobt sei Gott, der Herr der Welten,
der Gnädige und Barmherzige
und König des Jüngsten Tages!
Dir dienen wir, und dich bitten
wir um Hilfe.
Führe uns den geraden Weg,
den Weg derjenigen,
denen du gnädig bist,
und nicht den Weg derjenigen,
über die du zornig bist.
Aber auch nicht den Weg derjenigen,
die sich geirrt haben.

Sure 1

Juden und Christen

Samuel, ein jüdischer Junge, ist von der katholischen Religionsgruppe eingeladen worden. Er soll von seinem jüdischen Glauben erzählen. Claudia fragt ihn: „Steht in eurer Heiligen Schrift eigentlich auch etwas über den Anfang der Welt?“ „Ja klar“, sagt Samuel und spricht ihr vor: „Im Anfang erschuf Gott die Himmel und die Erde.“

„Moment mal, das klingt so wie in unserer Bibel“, ruft Claudia. Samuel nickt: „Stimmt. Unsere Heilige Schrift und der erste Teil eurer Bibel haben vieles gemeinsam.“ „Das ist spannend“, sagt Claudia. „Komm Samuel, lass uns sammeln, was wir beide kennen.“

Ergänzt die Stichwörter. Sucht euch eines aus und erzählt dazu die Geschichte. Benutzt eure Schulbibel.

? Was ist für euch das wichtigste Stichwort? Begründet eure Entscheidung.

Samuel hat wichtige Gegenstände seiner Religion in den Klassenraum mitgebracht. Mit ihnen will er zeigen, wie er und seine Familie ihren Glauben leben. Einige Kinder rufen: „Das kenne ich schon." Andere sagen: „Die sind mir unbekannt."

Samuel erzählt auch von jüdischen Festen: „Besonders gefällt mir Rosch ha-Schana, das Neujahrsfest. Da gibt es Apfelstücke mit süßem Honig. Wir erinnern uns an die Erschaffung der Welt."

Arbeitet mit der ➤ STEX-Methode.
Schreibt auf:
- Wie erinnert der Seder-Teller an die Befreiung aus Ägypten?
- Wie halten Juden mit Mesusa und Tefillin ihren Glauben an den einen Gott lebendig?
- Wie begehen Juden ihren Sabbat?
- Warum sind Kippa* und Menora* für Juden wichtig?

Lexikon, Internet und das Religionsbuch der 3. Klasse helfen euch dabei.

? Warum hat Samuel nur ein Bild der Tora-Rolle mitgebracht? Nennt Gründe.

Christen – Juden – Muslime

An der Grundschule von Aylin, Claudia und Samuel ist ein „Tag der Begegnung der Religionen“ geplant. Die Religionsgruppe von Claudia hat die Aufgabe, für die Ausstellung Stellwände vorzubereiten, auf denen die Gemeinsamkeiten und Unterschiede der drei Weltreligionen zu sehen sind.
Einige Bilder und Texte hat die Gruppe bereits gesammelt.

Helft Claudia und der Gruppe. Ordnet die Bilder und Wortkarten den drei Weltreligionen auf Stellwänden zu unter den Stichworten: Feste, Gebete, Glaubensbekenntnis, Symbole*, Heilige Schriften, Gebäude, Gegenstände, Aufnahme in die Gemeinschaft, Ruhetag.

Sucht weitere Bilder und Texte aus dem Christentum, dem Judentum und dem Islam. Nutzt dafür dieses Buch, ein Lexikon oder das Internet.

Gemeinsamkeiten und Unterschiede

Ein faires Miteinander

In der Klasse von Claudia und Aylin gibt es Streit zwischen Jungen und Mädchen, vor allem in der Pause. Die Mädchen beschweren sich bei der Lehrerin: „Die Jungen rennen immer absichtlich durch unseren Kreis."

Die Jungen wehren sich: „Und ihr steht absichtlich immer wieder im Weg, sodass wir nicht Fangen spielen können."
Die Lehrerin schlägt vor: „Um eine Lösung zu finden, werden wir morgen eine Übung machen, in der jeder seine Wünsche und Erwartungen an die anderen ausspricht."

? Versetzt euch in die Übung. Was wünscht sich das Kind in der Mitte? Schreibt es auf Kärtchen.

Schreibt auf andersfarbige Kärtchen die Wünsche der anderen Kinder an das Kind in der Mitte.

Vergleicht die gegenseitigen Wünsche auf den Kärtchen. Formuliert eure Beobachtungen in einem Satz.

Die Goldene Regel im CHRISTENTUM

Alles, was ihr von anderen erwartet, das tut auch ihnen.

Die Goldene Regel im ISLAM

Keiner von euch ist ein Gläubiger, solange er nicht seinem Bruder wünscht, was er sich selber wünscht.

Die Goldene Regel im JUDENTUM

Tue nicht anderen, was du nicht willst, dass sie dir tun.

Sprichwort

Was du nicht willst, das man dir tu, das füg auch keinem andern zu.

- Vergleicht! Lest die verschiedenen Goldenen Regeln. Was haben sie gemeinsam? Wo unterscheiden sie sich? Probiert aus, ob euer gefundener Satz zu einer Regel passt.
- Diskutiert: Weshalb werden diese Sätze „Goldene Regel" genannt?
- Claudia sagt: „Ich habe die Goldene Regel so verstanden: Ich behandele die anderen genauso, wie sie mich behandeln." Setzt euch mit dieser Meinung in einem ➤ Schreibgespräch auseinander.

Grenzen überwinden

Rhania und Lena

Seit diesem Schuljahr wohnt Rhania mit ihrer Mutter in der Nähe von Lena. Die beiden Mädchen besuchen die gleiche Klasse und sind gute Freundinnen geworden. Sie gehen miteinander am Morgen zur Schule und nachmittags wieder nach Hause. An einem Morgen wirkt Rhania sehr bedrückt. „Meine Mutter hat nun eine neue Arbeitsstelle gefunden. Dann haben wir mehr Geld zum Leben. Meine Mutter will, dass ich deshalb am Nachmittag in den Hort gehe, wo ich essen und meine Hausaufgaben machen kann. Wahrscheinlich werden wir deshalb nicht mehr miteinander spielen können." Auch Lena ist traurig. Sie erzählt ihrer Mutter davon, beide überlegen ...

Alle am Ball

Jeden Dienstagabend hat die Jungenmannschaft des Fußballvereins Training. Seit ein paar Wochen stehen einige Jungen am Zaun und schauen zu. Sie wohnen mit ihren Eltern in der Flüchtlingsunterkunft. Klaus fragt die anderen Mitspieler und den Trainer, ob die Flüchtlingsjungen nicht auch bei ihnen mitspielen könnten. Viele sind dafür. Die Jungen und der Trainer diskutieren ...

? Teilt euch in Gruppen auf, wählt eine Geschichte aus, spielt sie weiter. Überlegt euch verschiedene Möglichkeiten. Ihr könnt die ➤ Geschichte auch weiterschreiben.

Spielt eure Geschichte der anderen Gruppe vor. Diskutiert verschiedene Lösungen.

Ein Gesetzeslehrer* fragt Jesus: „Wer ist mein Nächster?"
Jesus beantwortet die Frage nicht direkt, sondern erzählt ihm eine Geschichte.

Jesus erzählt:
„Ein Mann fiel unter die Räuber. Sie ließen ihn halb tot liegen. Drei Männer kamen vorbei und sahen den Verwundeten am Weg."

Ein Priester
„Ich diene Gott im Tempel. Ich kenne die Gebote, die ich als Jude befolgen muss. Ich gehöre zum auserwählten Volk."

Ein Tempeldiener
„Ich diene im Tempel. Ich kenne als Jude die Gebote, die ich befolgen muss. Ich gehöre zum auserwählten Volk."

Ein Mann aus Samaria
„Mich verachten die Juden. Ich bin für sie ein Fremder und ein Ungläubiger. Ich gehöre nicht zum auserwählten Volk."

- Versetze dich in den Priester, den Tempeldiener oder den Mann aus Samaria. Was fühlst du? Was denkst du? Wie handelst du?
- Lest die Geschichte in der Schulbibel (Lukas 10,25–37).
- Stell dir vor: Beim Abschied fragt der Überfallene seinen Retter: „Warum hast du mir geholfen?" Sucht nach Antworten.
- Findet heraus, wo in allen drei Geschichten Menschen Grenzen überwinden!

Nachdenken – mitfühlen – handeln

Murat erzählt in der großen Pause einigen Jungen, dass er noch müde sei. Beim Fastenbrechen am Abend vorher wäre es sehr spät geworden. „Warum esst ihr nicht früher?“, fragt ihn Leon.
Er erklärt: „Wir haben gerade Ramadan* und essen erst nach Sonnenuntergang.“
„Ihr habt eine seltsame Religion“, meint Jonas, „da bin ich schon lieber ein Christ, bei uns gibt es keine so komischen Vorschriften.“
„Aber der Islam ist die richtige Religion!“, behauptet nun Murat. Die anderen muslimischen Kinder, die dabeistehen, unterstützen ihn.
Plötzlich fangen sie an, miteinander zu streiten. Auch die christlichen Kinder halten ihre Religion für die richtige.
Sie kommen nach der Pause streitend ins Klassenzimmer zurück. Anna will nicht mehr neben Aylin sitzen und Lucca nicht mehr neben Murat. Überhaupt, so fordert er, sollen die muslimischen Kinder in einer eigenen Reihe sitzen. Der Klassenlehrer ist entsetzt: „Das ist so, als würdet ihr eine Mauer zwischen euch errichten.“ Er geht an die Tafel und malt darauf eine Mauer.
„Jetzt wollen wir mal überlegen, was zu eurem Streit geführt hat. Wir schreiben die Wörter in die Steine der Mauer.“

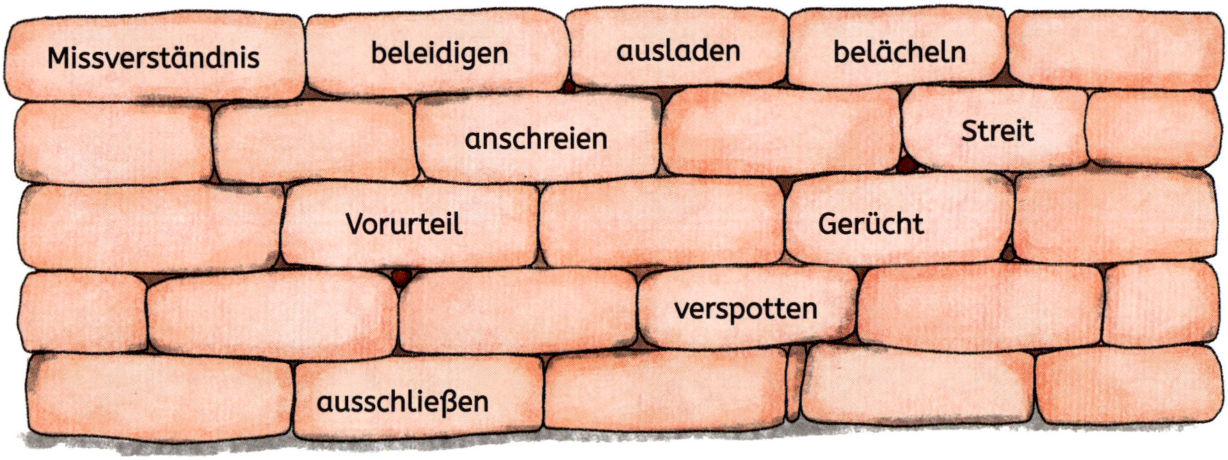

Malt eine Mauer in euer Heft. Überlegt, wie ein Streit zwischen Kindern, die verschiedenen Religionen angehören, entstehen kann. Ergänzt weitere Wörter in den Steinen der Mauer.

Sammelt Ideen: Was können die Kinder tun, damit sie friedlich zusammenleben? Gestaltet mit diesen Friedenssteinen statt einer Mauer eine Brücke.

Aufstehn, aufeinander zugehn

T: Clemens Bittlinger, Purple Schulz
M: Clemens Bittlinger, Karl-Josef Piek, Purple Schulz

Überlegt euch Bewegungen zu dem Lied, übt sie gemeinsam ein und singt dann das Lied.

Gestaltet das Wissensspiel mit den Kärtchen von den Seiten 86–93. Bildet Vierergruppen und legt die Kärtchen in die Mitte. Zieht reihum eine Karte und erklärt den anderen das Wort. Oder zieht reihum eine Karte und lasst die anderen erklären.

Lest das Gebet der Vereinten Nationen und schreibt auf: Das soll es auf der Erde nicht geben. Das Bild auf Seite 83 zeigt weitere Beispiele: Das soll es auf der Erde nicht geben. Notiert! Findet auf dem Bild die Beispiele, für die sich die drei Weltreligionen einsetzen, und ergänzt: Das soll es auf der Erde geben.

Gebet der Vereinten Nationen*

Herr, unsere Erde ist nur ein kleines Gestirn im großen Weltall. An uns liegt es, daraus einen Planeten zu machen, dessen Geschöpfe nicht mehr von Krieg gepeinigt, nicht mehr von Hunger und Furcht gequält, nicht sinnlos nach Rasse, Hautfarbe und Weltanschauung getrennt werden.
Gib uns Mut und Kraft, schon heute mit diesem Werk zu beginnen, damit unsere Kinder und Kindeskinder einst mit Stolz den Namen Mensch tragen.

Ich bin gefragt

- Das habe ich verstanden und neu gelernt.
- Das will ich mir aus diesem Kapitel besonders merken.
- Darüber möchte ich noch weiter nachdenken.

Mein Ich-Buch

Die Anregung, ein Ich-Buch anzulegen, kennst du schon. Es soll dich auch durch dieses Schuljahr begleiten. Einige Vorschläge findest du auf diesen beiden Seiten. Sicher hast du noch viele weitere Ideen für dein Ich-Buch.

Alles, was schön ist und spannend, aber auch, was dir schwerfällt und dich traurig macht, kann darin Platz finden. Alles, was du erlebst, kannst du deinem Ich-Buch wie einem Tagebuch anvertrauen.

Mein viertes Schuljahr

Diese Fächer mag ich: ...
Das kann ich gut: ...
Das fällt mir schwer: ...
Flüchtlingskinder erzählen von ihrer Heimat
Unser Klassenfest
Vier Jahre Grundschule! Wichtige Erlebnisse auf meinem Weg: ...

Meine Freizeit

Ich lese ein spannendes Buch
Ich spiele ein Instrument
Ich bin in einem Sportverein
Das mache ich alles: ...
Ich besitze ein Smartphone

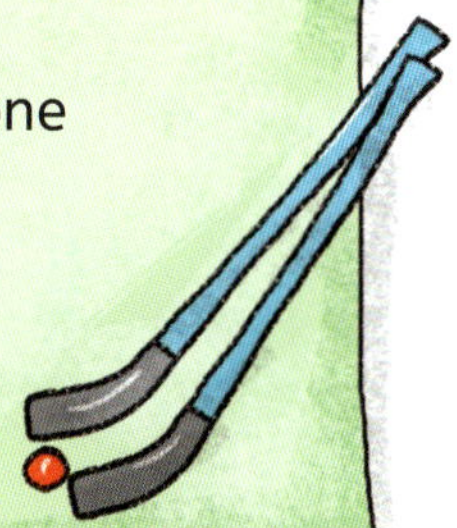

Mein Religionsunterricht

Ein Lied, das ich gerne singe: ...
Diese biblische Erzählung hat mich beeindruckt: ...
Ein Gebet, das ich oft bete, heißt ...
Über diese Frage muss ich immer wieder nachdenken: ...
Ich mag das Bild im Religionsbuch von: ...

Das wünsche ich mir ...
Davon träume ich ...

Ich bin gespannt auf meine neue Klasse.
Ich wünsche mir: ...
Wenn ich Angst oder Kummer habe, dann ...
Davon träume ich manchmal: ...
Das wünsche ich für mich und meine Familie: ...
Ich träume von einer Schule, in der ...

Gebete-Seiten

Du kennst schon einige Gebete: das Vaterunser, ein Gebet am Morgen, am Abend, vor dem Essen und in der Schule. Auch in den einzelnen Kapiteln findest du Gebete und Lieder. Die folgenden Seiten zeigen dir weitere Möglichkeiten zu beten.

Still werden

Manchmal braucht Beten gar keine Worte. Dann werden wir einfach still und horchen auf das, was Gott uns sagen möchte.

1. Setze dich aufrecht auf deinen Stuhl und lege die Hände auf deine Oberschenkel.
2. Schließe die Augen und spüre deinen Atem.
3. Spüre deinem Atem nach. Lausche auf die Stille.
4. Bleibe eine Zeit lang in dieser Haltung.
5. Öffne wieder die Augen und lasse die gesammelte Aufmerksamkeit nachwirken.

Alles, was dich bewegt …

Alles, was dich bewegt, kannst du, wenn du willst, in ein Gebet bringen – ob du froh, wütend, traurig oder nachdenklich bist. Welches Gefühl passt heute zu dir? Bringe es vor Gott.

Wechselgebet

Viele Gebete kann man in einer Gruppe im Wechsel sprechen. Die Psalmen eignen sich besonders dafür. Probiert einmal aus, wie so etwas geht.

Der Herr ist mein Hirte,
nichts wird mir fehlen.
  Er lässt mich lagern auf grünen Auen
  und führt mich zum Ruheplatz am Wasser.
Er stillt mein Verlangen;
er leitet mich auf rechten Pfaden,
treu seinem Namen.
  Muss ich auch wandern
  in finsterer Schlucht,
  ich fürchte kein Unheil;
denn du bist bei mir,
dein Stock und dein Stab
geben mir Zuversicht.
  Du deckst mir den Tisch
  vor den Augen meiner Feinde.
Du salbst mein Haupt mit Öl,
du füllst mir reichlich den Becher.
  Lauter Güte und Huld werden mir folgen
  mein Leben lang
  und im Haus des Herrn darf ich wohnen
  für lange Zeit.

Psalm 23,1–6 in der Übersetzung der Schulbibel

Beten mit dem ganzen Körper

Im Tanz oder mit Gebärden kannst du mit dem ganzen Körper beten – gerade auch in einer Gruppe. Sucht dafür ein Lied aus und überlegt euch, welche Tanzschritte oder Gebärden dazu passen. Hier ein Beispiel zum Lob der Schöpfung:

Laudato si

T: Winfried Pilz nach dem Sonnengesang des Franziskus / M: mündlich überliefert

1. Sei gepriesen, du hast die Welt geschaffen
   Weltkugel mit den Armen zeigen
2. Sei gepriesen für Sonne, Mond und Sterne
   Hände weit öffnen
3. Sei gepriesen für Meer und Kontinente
   Wellenbewegungen mit Händen und Armen
4. Sei gepriesen, denn du bist wunderbar, Herr!
   alle fassen sich an den Händen und gehen langsam im Kreis

Gestaltet eigene Texte

Ihr habt schon einige Methoden zur Gestaltung eigener Texte kennengelernt: das Elfchen und das Sinnengedicht. Hier findet ihr weitere Methoden, wie ihr eure Gedanken zu einem Thema ausdrücken könnt.

Eine Geschichte weiterschreiben

Versucht eine Erzählung, zum Beispiel aus der Bibel, umzuschreiben oder weiterzuschreiben. Versetzt euch dazu in eine Person aus der Erzählung. Schreibt in der Ich-Form.

1. Was erlebt die Person, wenn noch andere (bekannte oder fremde) Personen auftauchen?
2. Was erlebt die Person, wenn sie heute leben würde?
3. Wie könnte die Erzählung weitergehen?
4. Wie könnte die Erzählung anders ausgehen?

Ein Rondell-Gedicht schreiben

In einem Rondell-Gedicht drückt ihr aus, was euch an einem Thema wichtig ist. Das Gedicht besteht nur aus acht Zeilen. Das Kennzeichen dieser Gedichtform sind die Wiederholungen:

- Die 1., 4. und 7. Zeile sind gleich.
- Die 2. und 8. Zeile sind gleich.
- Die 3., 5. und 6. Zeile sind jeweils unterschiedlich.

Ein Beispiel:

1 *Gott ist bei dir und bei mir.*
2 *Er hat uns gern, egal was passiert.*
3 *Er radiert uns niemals aus seiner Gernhabeliste.*
4 *Gott ist bei dir und bei mir.*
5 *Er gibt uns Hoffnung.*
6 *Wir können immer zu ihm gehen.*
7 *Gott ist bei dir und bei mir.*
8 *Er hat uns gern, egal was passiert.*

Die rote und die grüne Farbe zeigen, dass ihr in diesen Zeilen immer die gleichen Sätze schreibt. So wird wiederholt, was am wichtigsten ist. Die restlichen Zeilen füllt ihr mit anderen Sätzen, die ihr noch zum Thema sagen wollt.

Sammelt und teilt euer Wissen

Mit diesen Methoden könnt ihr gemeinsam eine Aufgabe lösen bzw. ein Thema von verschiedenen Seiten betrachten.

Die STEX-Methode

STEX ist die Abkürzung für „Stammgruppen- und Expertengruppen-Methode“. Ein anderer Name dafür ist auch „Gruppenpuzzle“. Zunächst wird ein Thema in vier Teilbereiche gegliedert.

1. Stammgruppen:
   Jeder bearbeitet zunächst in Einzelarbeit in seiner Stammgruppe einen Teil der Aufgabe.

2. Expertengruppen:
   Dann treffen sich alle Kinder mit derselben Teilaufgabe in einer Expertengruppe. Die Experten tauschen sich untereinander aus.

3. Stammgruppen:
   Jeder Experte stellt in seiner Stammgruppe die Ergebnisse aus der Expertenrunde vor.

4. Zum Abschluss gestaltet ihr gemeinsam ein Plakat mit euren Ergebnissen.

Ein Schreibgespräch führen

In einem Schreibgespräch tauscht ihr eure Gedanken aus, ohne zu sprechen.

1. Setzt euch zu dritt oder zu viert um ein großes Blatt Papier. In der Mitte des Papiers steht das Thema oder eine Frage.
2. Jeder aus der Gruppe schreibt seine Meinung zu dem Thema oder zu der Frage auf das Blatt.
3. Beachtet die Sätze der anderen und schreibt eigene Gedanken dazu. Ihr könnt auch Kommentare anfügen, indem ihr zum Beispiel einen Gedanken unterstreicht oder Meinungen mit Pfeilen verbindet.
4. Nach einer vereinbarten Zeit beendet ihr das Schreibgespräch. Tauscht euch über eure Ergebnisse und Erfahrungen aus und vergleicht sie mit anderen Gruppen.

Präsentiert eure Ergebnisse

Mit diesen Methoden könnt ihr Themen allein oder in einer Gruppe erarbeiten und dann eure Ergebnisse anderen vorstellen. Die Form der Präsentation kann andere für euren Inhalt begeistern.

Ein Lapbook gestalten

Mit einem Lapbook setzt ihr euch schreibend und bastelnd mit einem Thema auseinander. Ihr sammelt darin eure Lern- und Arbeitsergebnisse. Ihr könnt euer Lapbook anderen zeigen und sie neugierig auf das Thema machen.

1. Nehmt farbiges Kartonpapier in DIN A3-Größe und faltet es zu einem Klappbuch (A–C).

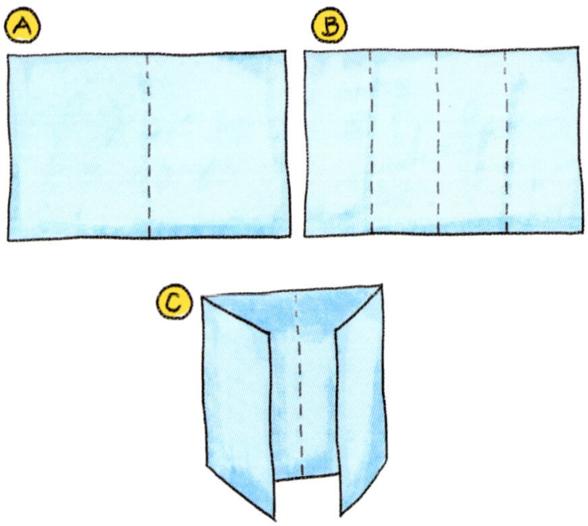

2. Auf der Außenseite muss das Thema gut erkennbar sein. Schreibt mit großer Schrift und verwendet einladende Bilder.

3. Die Innenseiten könnt ihr kreativ gestalten mit allem, was ihr zu eurem Thema finden könnt: Kurztexte, Geschichten, Gedichte, Bilder usw. Klebt sie zum Beispiel auf Klappkärtchen, sammelt sie in Briefumschlägen, verwendet unterschiedliche Farben.

4. Ihr könnt mit eurem fertigen Lapbook wiederholen, was ihr gelernt habt. Präsentiert euer Lapbook anderen und erklärt damit das Thema.

Ein Lernplakat gestalten

Auf einem Lernplakat werden die Ergebnisse einer Gruppenarbeit so dargestellt, dass die Inhalte gut sichtbar für die ganze Klasse werden. Ihr braucht dazu einen großen Bogen Papier, dicke Filzstifte, ein Lineal, eine Schere und einen Klebestift. Schreibt groß und deutlich, damit das Plakat auch noch aus der Entfernung gut lesbar ist.

1. Sammelt zu eurem Thema Fragen, besorgt euch Informationen, erklärt Begriffe oder sucht nach Bildern.
2. Ordnet Texte und Bilder auf eurem Plakat.
3. Bildet Überschriften und Zwischenüberschriften.
4. Verwendet auch Farben und verschiedene Schriftgrößen, um Wichtiges hervorzuheben.
5. Stellt mit Pfeilen oder anderen Symbolen* Zusammenhänge zwischen den einzelnen Texten oder Bildern her.
6. Wenn ihr mit der Anordnung zufrieden seid, klebt alles auf.
7. Stellt eure Plakate der Klasse vor.

Ein Projekt durchführen und darstellen

Beachtet dabei folgende Schritte:

1. Sucht ein Projektthema, das euch als Gruppe interessiert, wie zum Beispiel „Fairer Handel", die Vorbereitung und Durchführung einer Friedhofserkundung oder die eines Abschlussgottesdienstes.
2. Überlegt: Welche einzelnen Aufgaben müssen erledigt werden? Ihr könnt vielleicht einen Friedhofsmitarbeiter interviewen, kurze erklärende Texte schreiben, Fotos und Zeichnungen anfertigen und aus den Ergebnissen einen Friedhofsführer gestalten.
3. Bildet Teams und verteilt die Aufgaben untereinander. Ein Beispiel für die Planung eines Abschlussgottesdienstes findet ihr auf den Seiten 80–81.
4. Bearbeitet die Aufgaben in der vorgegebenen Zeit.
5. Stellt eure Ergebnisse dar, bereitet zum Beispiel eine Ausstellung vor, führt die Erkundung durch oder ladet zu einem Abschlussgottesdienst ein.
6. Reflektiert euer Ergebnis: Was fandet ihr gelungen, womit wart ihr unzufrieden, was könntet ihr beim nächsten Projekt besser machen?

Lexikon

Allah

Allah ist das arabische Wort für Gott. Muslime verehren Allah als den einen, einzigen Gott. In der Sure 2,255 heißt es: „Es gibt keinen Gott außer ihm, dem Lebendigen, dem Beständigen“. Auch die arabisch sprechenden Juden und Christen nennen Gott Allah. Bei uns wird Allah als Gottesname der Muslime verwendet.

Aussatz

Aussatz ist in der Bibel der Name für bösartige und ansteckende Krankheiten der Haut. Die Aussätzigen galten als unrein, sie mussten sich von den Siedlungen der Menschen fernhalten. Sie durften weder die Stadt Jerusalem betreten noch den Tempel zum Gottesdienst. Die Menschen glaubten: Die Aussätzigen sind von Gott gestraft.
Die Heilung eines Aussätzigen war zur Zeit der Bibel äußerst schwierig. Jesus berührte Aussätzige und heilte sie. Sie wurden rein und konnten wieder am Gottesdienst der Gemeinde teilnehmen. Sie wurden wieder in die menschliche Gemeinschaft aufgenommen und brauchten nicht mehr abgesondert zu leben.

Gesetzeslehrer, siehe Schriftgelehrte

Hoher Rat

Der Hohe Rat ist die höchste Gerichtsbehörde der Juden. Er hat 71 Mitglieder, ihr Vorsitzender ist der Hohepriester. Jesus wurde vor dem Hohen Rat angeklagt.

Imam

Ein Imam ist der Vorsteher einer muslimischen Gemeinde. Er betet in der Moschee* das Pflichtgebet vor, vor allem leitet er das Freitagsgebet. Außerdem predigt er und ist Lehrer in der Koranschule. Er ist auch Ansprechpartner, wenn es Probleme in der Gemeinschaft gibt.

Kaaba

Die Kaaba (Würfel) ist ein Gebäude im Innenhof der Moschee* in der Stadt Mekka*. Die Kaaba ist das größte Heiligtum des Islams. Es war schon vor Muhammads Zeit ein Heiligtum, in dem verschiedene Gottheiten verehrt worden waren. Das Gebäude ist mit schwarzen Tüchern verhängt, die mit Koranversen verziert sind. Die Wallfahrt nach Mekka und die siebenmalige Umrundung der Kaaba ist das große Ziel jedes Muslim* und jeder Muslima*. Es wird einmal im Leben angestrebt.

Kippa

Beim Gebet, in der Synagoge und auf dem Friedhof bedecken die Juden ihr Haupt mit einem Käppchen, der Kippa. Gläubige Juden zeigen damit ihre Ehrfurcht vor Gott. Manche Juden tragen die Kippa auch in ihrem Alltag.

Kloster

Das Kloster ist ein Gebäude, in dem Mönche oder Nonnen leben, die Gott in den Mittelpunkt ihres Lebens

Pilger umrunden die Kaaba.

Im Kloster Marienstatt im Westerwald leben schon seit über 800 Jahren Mönche.

stellen. Sie verzichten auf jeglichen Besitz, sie leben ehelos und gehorchen ihrem oder ihrer Ordensoberen. Mehrmals am Tag kommen sie zum gemeinsamen Gebet zusammen oder sie beten allein. Daneben sind sie vor allem für Menschen da: Sie pflegen Kranke, sie unterrichten Kinder und Jugendliche, betreuen alte Menschen. Manche Mönche oder Nonnen arbeiten auch in der Mission.

Konfession

Unter Konfession versteht man das Bekenntnis eines Menschen, zum Beispiel zum christlichen Glauben. Heute versteht man darunter auch eigene Gemeinschaften von Christen. Am bekanntesten sind bei uns die römisch-katholische, die evangelische und die orthodoxe* Konfession. Die Gläubigen dieser Konfessionen sind verbunden durch die Taufe und den gemeinsamen Glauben an Jesus Christus.

Konfirmation

In einem feierlichen Gottesdienst werden evangelische Jungen und Mädchen zu mündigen Gliedern ihrer Kirche erklärt. Damit übernehmen sie die Rechte und Pflichten eines evangelischen Christen. Sie bekennen sich zu ihrer Taufe und zum Glauben an den dreieinigen Gott. Sie gehen in diesem Gottesdienst auch zum ersten Mal zum Abendmahl. Über mehrere Monate bereiten sie sich auf die Konfirmation vor.

Koran

Der Koran ist das heilige Buch der Muslime*. Er ist in arabischer

Eine junge Frau liest im Koran.

Sprache geschrieben. Er enthält die Botschaften, die Muhammad von Allah* empfangen hat. In ihm stehen wichtige Aussagen über Allah und Regeln für das rechte Verhalten der Muslime. Der Koran ist in 114 Abschnitte (Suren) eingeteilt, die mit Ausnahme des ersten der Länge nach geordnet sind.

Mekka

Mekka ist die Geburtsstadt des Propheten Muhammad. Sie liegt im heutigen Saudi-Arabien. Mekka ist die heilige Stadt der Muslime* und ihr wichtigster Wallfahrtsort. Beim Gebet wenden sich die Muslime nach Mekka. In Mekka steht auch die Kaaba*.

Menora

Der siebenarmige Leuchter ist ein wichtiges Symbol* des jüdischen Volkes. Er wurde ursprünglich im Tempel zu Jerusalem aufgestellt und steht heute in jeder Synagoge als ein Zeichen der Anwesenheit Gottes bei den Menschen. Die Menora ist auch im Wappen des Staates Israel abgebildet.

Moschee

Moscheen sind Orte des Gebetes, vor allem des gemeinschaftlichen Gebetes der Muslime*. Wichtig sind in der Moschee die Gebetsnische, die Richtung Mekka* zeigt und die Teppiche für die Gebete der Muslime. Meist hat die Moschee auch einen Ort für die Predigt und ein Minarett (Turm), von dem aus der Gebetsruf des Muezzin* erschallt. Zur Moschee gehören Versammlungsräume für den Koranunterricht und für Vorträge zu Themen des alltäglichen Lebens.

Den spitzen Turm einer Moschee nennt man Minarett.

Muezzin

Fünfmal am Tag ruft der Muezzin vom Minarett aus die Gläubigen zum Gebet. Er benötigt dazu eine laute und weit tragende Stimme. Weil die Gebetszeiten genau festgesetzt sind, muss der Muezzin pünktlich und zuverlässig sein. Manchmal wird der Ruf des Muezzins auch durch eine CD übertragen.

Muslim, Muslima

Muslime sind Angehörige des Islams. Ein Muslim oder eine Muslima bekennt, dass es nur einen Gott (Allah) gibt und dass Muhammad sein Prophet ist. Die wörtliche Übersetzung von Muslim oder Muslima ist: „der/die sich Gott hingibt“. Die Bezeichnung „Mohammedaner“ lehnen Muslime ab, weil sie nicht Muhammad anbeten, sondern nur Allah.

Ökumene

Das Wort wird heute für die Bemühung verwendet, die Trennung der verschiedenen christlichen Kirchen zu überwinden. Dafür gibt es viele Beispiele: Christen der verschiedenen Konfessionen* feiern gemeinsame Gottesdienste und legen gemeinsam die Bibel aus. Sie organisieren Hilfen für arme, hilfsbedürftige Menschen. Sie wenden sich gegen die Unterdrückung von Fremden, sie treten ein für die Bewahrung der Schöpfung und für den Frieden. Sie entdecken, dass die Gemeinsamkeiten stärker sind als die Unterschiede.

Orthodoxe Kirche

Orthodoxe Christen leben vor allem im Osten Europas. Sie feiern prächtige Gottesdienste mit vielen Kerzen und Weihrauch und feierlichen Gesängen. Auseinandersetzungen von Bischöfen im Osten und Westen haben vor vielen Hundert Jahren zur Trennung geführt. Vor allem erkennen orthodoxe Christen den Papst als das Oberhaupt der Kirche nicht an. Orthodox bedeutet: richtiger Glaube. Orthodoxe Christen haben viele Gemeinsamkeiten mit der katholischen Kirche: zum Beispiel Taufe, Eucharistie und weitere Sakramente. Heute gibt es auch in Deutschland viele orthodoxe Kirchen, zum Beispiel in Düsseldorf, Berlin, Herten oder Brühl.

Gottesdienst in einer russisch-orthodoxen Kirche in Düsseldorf

Ramadan

Ramadan ist der neunte Monat im islamischen Kalender. Muslime* glauben, dass der Koran* im Monat Ramadan von Gott an Muhammad übermittelt wurde. Deshalb ist dieser Monat der Fastenmonat. 30 Tage lang verzichten erwachsene Muslime von Sonnenaufgang bis Sonnenuntergang auf Essen und Trinken. Nach Einbruch der Dunkelheit und vor Sonnenaufgang können sie Speisen zu sich nehmen. Kinder fasten zum Beispiel nur ein paar Stunden, oder sie verzichten auf Süßigkeiten oder sie trinken nur Wasser statt Limonade.

Reformation

Unter Reformation versteht man die Bewegung, die vor allem von Martin Luther ausging. Er wollte die Missstände in der Kirche beseitigen und die Kirche erneuern (reformieren). In 95 Thesen* legte er seine Überlegungen dar. Es kam zu heftigen Auseinandersetzungen darüber. Eine Einigung war nicht mehr möglich. In der Folgezeit entwickelte sich daraus die evangelische Kirche. Heute bemühen sich katholische und evangelische Kirche darum, die Spaltung zu überwinden. Das nennt man Ökumene*.

Schriftgelehrte

Schriftgelehrte nennt man zur Zeit Jesu jüdische Männer, die die Tora – die fünf Bücher Mose – genau kennen und erklären. Sie sind deshalb im Volk sehr angesehen. Sie legen großen Wert auf die genaue Befolgung der Gesetze, zum Beispiel die Einhaltung des Sabbatgebotes.

Symbol

Symbole sind Gegenstände (etwas Sichtbares), denen wir eine tiefere (unsichtbare) Bedeutung zuschreiben. So kann zum Beispiel der Ring am Finger die Bedeutung von Freundschaft und Treue haben, die Farbe Schwarz steht für Trauer. Die Christen kennen viele Symbole: das Kreuz als Zeichen für den Glauben an Jesus Christus, die Osterkerze als Zeichen für die Auferstehung Jesu, das Wasser der Taufe als Zeichen der Reinigung und des Lebens. Symbolhandlungen sind etwa das Knien, das Kreuzzeichen, der Friedensgruß.

Telefonseelsorge

Erwachsene, aber auch Kinder und Jugendliche, die mit ihren Sorgen und Problemen nicht mehr weiterwissen, können sich bei der Telefonseelsorge Rat und Hilfe holen. Sie können anonym bleiben; das bedeutet, sie müssen ihren Namen nicht nennen. Die Telefone sind rund um die Uhr besetzt. Frauen und Männer sind da, um zuzuhören, zu trösten, zusammen mit den Anrufern und Anruferinnen Wege aus der Krise zu finden oder Tipps zu geben, wo sie weitere Hilfen finden können. Die Telefonseelsorge ist eine ökumenische* Einrichtung.
Die Telefonnummern lauten:
0800/111 0 111 oder
0800/111 0 222.
Der Anruf ist kostenlos.

Theologie

Theologie heißt übersetzt: Lehre von Gott. Im Christentum gibt es Männer und Frauen, die in den Schriften der Bibel und der Kirche die Lehre von Gott untersuchen und erklären. Sie werden Theologen und Theologinnen genannt. Sie denken auch darüber nach, was die Lehre von Gott für die Menschen bedeutet. Martin Luther war ein Lehrer der Theologie.

Thesen

Thesen sind Sätze oder Gedanken, von denen Menschen behaupten, dass sie wahr sind. Wenn andere diesen Behauptungen widersprechen, kommt es zu Diskussionen. Ziel ist es, die Wahrheit herauszufinden. So hat Martin Luther 95 Thesen aufgestellt. Sie sollten zeigen, was für ihn am christlichen Glauben wichtig ist. Mit Bischöfen und Professoren wollte er darüber diskutieren. Da es nach vielen Gesprächen zu keiner Einigung kam, entstand schließlich die evangelische Kirche.

Das große Teleskop in der Universitätssternwarte Wien

Universum

Das Universum wird auch Weltall oder Kosmos genannt. Meistens verstehen wir darunter die Milliarden von Sternenhaufen, die auch Galaxien heißen. Eine Galaxie ist zum Beispiel die Milchstraße mit ihren 100–300 Milliarden Sternen, zu der auch die Sonne und die Erde gehören. Mithilfe von Teleskopen und komplizierten Berechnungen kamen Wissenschaftler auf den Anfang des Universums vor ca. 13,8 Milliarden Jahren. Sie nennen den Beginn „Urknall". Das Universum ist unvorstellbar groß und breitet sich immer weiter aus. Die riesigen Entfernungen werden in Lichtjahren gemessen.

Vereinte Nationen

Die Vereinten Nationen sind der Zusammenschluss der meisten Staaten dieser Erde. Die Vertreter tagen regelmäßig in New York, dem Sitz der Vereinten Nationen. Ihr gemeinsames Ziel ist die Bewahrung oder die Wiederherstellung des Friedens. Weitere gemeinsame Ziele sind die Beseitigung der Hungersnot in der Welt, der Schutz der Umwelt, die Förderung der Bildung. Zwei wichtige Verträge sind von den Vereinten Nationen verabschiedet worden: die Erklärung der Menschenrechte (1948) und die Erklärung der Kinderrechte (1989).

Zakat

Zakat ist der arabische Begriff für die Abgabe für Arme. Sie wird von Muslimen* vor allem im Fastenmonat Ramadan* entrichtet. Sie ist eine der fünf Grundpflichten (Säulen) des Islams. Alle erwachsenen Gläubigen sind zur Abgabe verpflichtet, wenn sie genügend Geld oder andere Güter besitzen. Mit den Abgaben werden bedürftige Muslime unterstützt.

Der Versammlungsraum der Vereinten Nationen in New York

Bilder:
3 v.l.n.r.: s. S. 11 (Detail), 49, 37 o.l.
11 Adolf-Anton Osterider (*1924), Die Schöpfung, 1986, Tafelbild, 450 x 250 cm, röm.-kath. Pfarre Groß St. Florian, Steiermark, Österreich, © VG Bild-Kunst, Bonn 2019, Foto: Werner Sabutsch
12 v.o.l.i.UZS: mauritius images/alamy stock photo/Sari O'Neal; Colourbox; imago/blickwinkel; imago/blickwinkel
14 imago/Leemage
17 Andreas Kuhnlein (*1953), Thronender, 2003, Holz (Ulme), 156 x 55 x 40 cm, Foto: Erwino Nitz
18 v.o.l.i.UZS: stock.adobe.com/rotschwarzdesign; stock.adobe.com/grafikplusfoto; stock.adobe.com/Friedberg; stock.adobe.com/marko; stock.adobe.com/Sergey Nivens; stock.adobe.com/maximchuk; Mitte: stock.adobe.com/Monkey Business
19 v.o.l.i.UZS: Shutterstock.com/SpeedKingz; stock.adobe.com/arborpulchra; stock.adobe.com/ValentinValkov; Shutterstock.com/Anjo Kan; mauritius images/Peter Treanor/Alamy; stock.adobe.com/Sergey Bogdanov; stock.adobe.com/pressmaster; Shutterstock.com/David Muscroft; Mitte: Colourbox
20 Rede von Severn Cullis-Suzuki im Alter von 12 Jahren an die Plenarsitzung der Konferenz über Umwelt und Entwicklung der Vereinten Nationen, Rio de Janeiro, Brasilien, 11. Juni 1992, Fotograf unbekannt
24 © OroVerde – Elke Mannigel
25 © TransFair e.V.; Naturland e.V.
27 Meister von Taüll, Die Hand Gottes, Fresko aus der Kirche Sant Climent in Taüll/Katalonien, um 1130, Foto: akg-images/Album/Oronoz
35 v.o.l.n.u.r.: Der Schöpfergott als Baumeister der Welt. Titelbild einer Bible moralisée, Nordfrankreich, um 1250, Wien, Nationalbibliothek (Cod. 2554, fol. IV), Foto: akg-images; Helmut Loder (*1955), goldene stille, 2006, Acryl, Leinwand, Blattgold, 40 x 50 cm, www.lodernet.com/ausstellungen/2006/graz_1_02.pdf; Marc Chagall (1887–1985), Mose vor brennendem Dornbusch, 1965/66, Aquarell, Bleistift, Pastell auf Papier, 49,7 x 36,9 cm, Nizza, Musée national Marc Chagall, © VG Bild-Kunst, Bonn 2019, Foto: bpk/RMN/Grand Palais/Gérard Blot
36 Philipp Schönborn (*1943), Du bist mein geliebter Sohn, 1999, Neon auf Holz, 140 x 140 x 13 cm, Kunstwerk und Foto: © Philipp Schönborn, München
37 l.v.o.n.u.: imago/imageBROKER/Bahnmüller; Shutterstock.com/pixelaway; stock.adobe.com/dpyancy; r.: Frauenkreuz aus Las Palmas El Salvador unter Anleitung von Fernando Llord, Foto: Vamos e.V.
39 Marc Chagall (1887–1985), La vie (Das Leben), 1964, Öl auf Leinwand, 296 x 406 cm, © VG Bild-Kunst, Bonn 2019, Foto: © Archives Fondation Marguerite et Aimé Maeght, Saint-Paul de Vence (France)
40 Helmut Loder (*1955), lichtspalt, 2008, Acryl, Leinwand, Blattgold, 80 x 90 cm, www.lodernet.com/ausstellungen/2008/zerbrechliches_dunkel-bildkarten_2008_1.pdf
45 Colourbox; Ludwig Rendle, Oberroth
47 Duccio di Buoninsegna (um 1255–1319), Die Berufung der Apostel Petrus und Andreas, 1308/1311, Tempera auf Holz, 43,5 x 46,2 cm, National Gallery of Art, Washington DC, USA, Foto: Bridgeman Images
48 Sieger Köder (1925–2015), Don Bosco, Verkünder der frohen Botschaft, 2009, Acryl, 80 x 100 cm, © Zentrum für Umwelt und Kultur Benediktbeuern (ZUK)
49 © Gerda Leismüller, Benediktbeuern
51 Antoni Tàpies (1923–2012), Fons-forma, 1985, Mischtechnik und Assemblage auf Holz, 225 x 101 x 10 cm © Fondació Antoni Tàpies Barcelona/© Comissió Tàpies/© VG Bild-Kunst, Bonn 2018
53 Paula Modersohn-Becker (1876–1907), Worpsweder Bauernkind auf einem Stuhl sitzend, um 1905, Kunsthalle Bremen – Der Kunstverein in Bremen, © Paula-Modersohn-Becker-Stiftung, Bremen
54 stock.adobe.com/Firma V; VISUM/PANOS/Georgios Makkas; stock.adobe.com/Photographee.eu
55 Rainer Oberhänsli-Widmer (*1953), Hiob – Hiob – Hiob, 1998, Öl auf Papier, 70 x 100 cm (nach einer Skulptur von Nathan Rapoport in Yad Vashem, Jerusalem)
56 Heilung eines Aussätzigen, in Handschrift: Echternacher Evangelistar, um 1030, Handschrift (ms. 9428), Bibliothèque royale de Belgique, Brüssel, Foto: Ziereis Faksimiles, Regensburg
57 Cornelsen/Eva Czerwenka, Straubing
60 Heribert A. Huneke (*1932), ich werde auferstehen! Oder: ... komm heraus!, 1991, Privatbesitz, © VG Bild-Kunst, Bonn 2019
61 Mathis Gothard Grünewald (1470/75–1528), Isenheimer Altar, Auferstehung Christi (Ausschnitt), 1513/15, 1. Wandlung, rechter Außenflügel, auf Holz, Unterlindenmuseum, Colmar, Foto: bpk/Jochen Remmer
62 Kreuz in Todesanzeige: stock.adobe.com/snyGGG
66 Grabsteinplastik, Käthe Kollwitz, Ruht im Frieden seiner Hände, 1935/36, Foto: imago/Hohlfeld
67 Paul Klee (1879–1940), Bunte Gruppe, 1939, Kreide, Ölfarbe und Aquarell auf Baumwolle mit Leimtupfen auf Karton, 42 x 39 cm, Privatbesitz, Schweiz, Foto: akg-images
70 Katholische Kirche St. Johannes, Diesenbach, Foto: Achim Bunz Photography
71 Evangelische Kirche St. Johannes, Regensburg, aus: Notizen für den RU, hg. von Religionspädagogisches Seminar Regensburg, 2/1996
72 l.v.o.n.u.: mauritius images/BMD Images/Alamy; Shutterstock.com/wideonet; Alle Rechte bei: Erzbischöfliches Jugendamt München und Freising, Fotografin: Klara Petto, Aufnahme vom 5. August 2014 auf dem Petersplatz; o.r.: KNA/Harald Oppitz, © 2016 KNA, www.kna-bild.de; u.r.: Cornelsen/Peter Wirtz, Dormagen
73 l.v.o.n.u.: Shutterstock.com/Martin Kucera; epd-bild/Friedrich Stark; epd-bild/Norbert Neetz; o.r.: epd-bild/Rainer Oettel; u.r.: LOOK-foto/Arthur F. Selbach
74 v.l.n.r.: Werkstatt Lucas Cranach der Ältere (1472–1553), Bildnis Martin Luthers als Augustinermönch, nach 1546, Malerei auf Pergament, 43,6 x 29,8 cm, Germanisches Nationalmuseum Nürnberg, Foto: bpk
75 www.luther2017.de
76 v.o.l.n.u.r.: „Großer Gott von Altenstadt", Anfang 13. Jh., Holzplastik, 3,20 m, St. Michaelsbasilika, Altenstadt, Pfarrkirchenstiftung St. Michael in Altenstadt, Foto: imago/imagebroker/siepmann; stock.adobe.com/Patrick Poendl; stock.adobe.com/eyetronic
77 Holger Klaes/klaes-images.de
79 Hubertus Klingebiel, Benediktbeuern
83 MISEREOR-Hungertuch „Ein Jahr, das Gott gefällt - Neubeginn und Befreiung" von Suryo Indratno (*1969), MVG Medienproduktion, 2000
87 l.u.: Glaubensbekenntnis des Islam (Schahada) als Vektorgrafik, Foto: Shutterstock.com/kamomeen; r.o.: Wandfeld mit Kalligrafien in der Wazir-Khan-Moschee (begonnen 1634) in Lahore, Pakistan, Foto: akg-images/Roland and Sabrina Michaud
88 Aufgeschlagene Seite aus dem Koran, Mahmudiye-Moschee, Constanta, Rumänien, Foto: akg-images/Mel Longhurst
89 Miniatur zu dem Epos „Sijer-i Nebi" (Leben des Propheten Muhammad), Der Engel Gabriel erscheint Muhammad, Ausschnitt, 16. Jh., Topkapi Palace Museum, Istanbul, Foto: Bridgeman Images/Bildarchiv Steffens
90/91 Yeni Camii Moschee in Bergisch Gladbach, McPHOTO/Luhr/Moscheegemeinde des VKIZ in Bergisch Gladbach
92 Shutterstock.com/Zurijeta
93 Mauritius images/Oleksandr Rupeta/Alamy
94 Kalligrafie Vektorgrafik von Assalamu alaikum, Foto: Shutterstock.com/MedineArt; Cornelsen/Eva Czerwenka, Straubing
95 Cornelsen/Eva Czerwenka, Straubing
97 v.o.l.i.UZS: stock.adobe.com/BillionPhotos.com; stock.adobe.com/R. Roth; Shutterstock.com/Pavel L Photo and Video; Shutterstock.com/Serge75; Shutterstock.com/natushm; stock.adobe.com/vitaly tiagunov; stock.adobe.com/silencephoto
98 stock.adobe.com/E. Schittenhelm; stock.adobe.com/BillionPhotos. com; akg-images/UIG/Godong
99 v.o.l.i.UZS: akg-images/Bible Land Pictures/Jerusalem Photo by: Z. Radovan; Bridgeman Images; mauritius images/Alamy/Miriam Reik; Aufgeschlagene Seite aus dem Koran, Mahmudiye-Moschee, Constanta, Rumänien, Foto: akg-images/Mel Longhurst; Imago/Sämmer; Kilian Kreilinger, München
115 imago/ZUMA Press; Brigitte Merz/Look-Foto
116 Alamy/Jasminko Ibrakovic; stock.adobe.com/biker3
117 Nikolaj Thon, Bochum
119 Glowimages/imageBROKER RM; UN Photo/Mark Garten

Texte:
Alle Texte ohne Quellenangaben stammen von den Autoren und Herausgebern dieses Bandes. Bibeltexte zit. n.: Einheitsübersetzung der Heiligen Schrift, vollständig durchgesehene und überarbeitete Ausgabe © 2016 Katholische Bibelanstalt GmbH, Stuttgart; Gen 2,7 (S. 7) und Psalm 23 (S. 108) aus: Meine Schulbibel. Ein Buch für Sieben- bis Zwölfjährige, München u.a. (Kösel-Verlag u.a.) 2004, S. 10, S. 77, © 2016 Cornelsen Verlag GmbH, Berlin.
8 Fredrik Vahle, Wo komme ich her?, aus: Wo kommen die Worte her? Neue Gedichte für Kinder und Erwachsene, hrsg. von Hans-Joachim Gelberg, Weinheim/Basel (Beltz & Gelberg) 2011, S. 166.
13 Susanne Kilian, Innendrin, leicht gekürzt, aus: Kinderkram. Kinder-Gedanken-Buch, Weinheim/Basel (Beltz & Gelberg) 1987, S. 107–109.
15 Gudrun Pausewang, Universum im Universum, leicht gekürzt, aus: Gottes Schöpfung uns anvertraut. Geschichten – Gedichte – Berichte – Bilder – Gebete und Lieder, hrsg. von Peter Musall, Offenbach/M. u.a. (Burckhardthaus-Laetare-Verlag) 1986, S. 37.
20f. Rede von Severn Cullis-Suzuki, Rio de Janeiro, Brasilien, 11. Juni 1992, zit. n.: Kinder, diese Erde liegt in euren Händen. Handbuch für Gerechtigkeit, Frieden und Bewahrung der Schöpfung, hrsg. von Pater Juan Goicochea Calderón, übersetzt von Karin Kastner, Zwettl (Comboni Missionare) 2016.
24 Joelma, basierend auf: Fantasiereise auf einer Kakaoplantage, © OroVerde – Die Tropenwaldstiftung. www.oroverde.de. Unterrichtsmaterial Regenwald, Projekt „Weil wir es wert sind", S. 1–2.
36 Bearbeitet nach: Heike Harbecke, Eine Freundin Jesu erzählt, aus: RelliS 4/2013, M5 (CD)
43 Endlich einer!, frei inspiriert von dem Gedicht „Endlich einer" von Martin Gutl.
48 Don Bosco, Freund der Straßenkinder, erzählt, leicht gekürzt, aus: Valentine Humml, Susanne Müller: Lebensgeschichte Don Boscos, in: missio konkret 4/2013, S. 22a; www.iss.donbosco.de/content/download/.../missiokonkret42013schule-konkret.pdf
49 Ein Schüler berichtet: Frei bearbeitet nach: www.neubergschule.de/index.php/projekte/sozialprojekt-altersheim/ (Abruf: 13.10.2017).
64 Bette Westera, Himmel, aus: Überall und nirgends, übersetzt aus dem Niederländischen von Rolf Erdorf, München (Susanne Rieder Verlag), 2016, o.S.
94 Sure 10,25, leicht bearbeitet, zit. n.: Der Koran. Arabisch-Deutsch. Übersetzt und kommentiert von Adel Theodor Khoury, Gütersloh (Chr. Kaiser/Gütersloher Verlagshaus GmbH) 2004, S. 301.
95 Sure 14,32; Sure 1, beide leicht bearbeitet, zit. n.: ebd., S. 350, S. 57.
96 Z. 8f. (Gen 1,1), zit. n.: Die Tora, übersetzt von Moses Mendelssohn, hrsg. von Annette Böckler, Berlin (Jüdische Verlagsanstalt) 2001, S. 3.